김순신 수필집

바람 사람 사랑

국립중앙도서관 출판시도서목록(CIP)

바람 사람 사랑 : 김순신 수필집 / 지은이: 김순신. -- 서울 : 지구문학, 2010
p. ; cm

ISBN 978-89-89240-41-9 03810 : ₩12000

한국 현대 수필[韓國現代隨筆]

814.7-KDC5
895.745-DDC21 CIP2010004823

김순신 수필집

바람 사람 사랑

지구문학

자서

독자가 있는 수필집 한 권을 꿈꾸며

책방 주인이 되고 싶었던 소녀

나의 초등학교 시절에는 읽을거리에 대한 목마름으로 활자화된 것이면 무엇이든 읽었다. 읽을거리라고는 국어교과서와 어쩌다 학교에서 만나는 동화책 몇 권이 전부였다. 그래서 어린 시절 나는 틈만 나면 우리 집 부엌 벽에 바른 신문지에 코를 박고 있었을 때가 많았다고 어머니께서 말씀하셨다.

그 당시에 나는 커서 책방 주인이 되고 싶다는 생각을 했었다. 책방 주인이 되면 돈을 안 들이고 세상에 나오는 책을 다 읽을 수 있다는 생각에서다.

몇 년 전에는 도내 일간지에 「교단일기」라는 지면이 있었다. 신문사에서 학교에 원고청탁이 오면 그 몫은 나에게로 왔다. 그 덕에 가끔 신문에 나의 글이 실리곤 했다.

외로움을 다스리기 위한 몸짓

2001년 추자도 신양분교로 발령을 받고 학교 관사에 들어서는 순간부터 외로움이 파도처럼 밀려왔다. 가족과 떨어져 있다는 사실이 나를 외롭게 했고, 퇴근 후 혼자 있는 긴 밤이 나를 고독 속으로 빠져들게 만들었다.

가족에게 전화를 걸어도, 텔레비전 앞에 앉아도 고독은 떠나지 않았다. 그 동안 못 읽은 책읽기에 시간을 모두 쏟아보기도 하고, 밤새 컴퓨터와 놀아도 채워지지 않은 빈 가슴이 있었다.

어느 날부터인가 자판을 두드리기 시작했다. 나의 외로움을 이해하고 다스리기 위한 몸짓이었다. 그러다 보니 차츰 글 쓰는 시간이 나에게 바치는 온전한 시간이 되고 그 시간을 즐기게 되었다. 글을 쓰면 쓸수록 나의 깊숙한 내면에는 글쓰기에 대한 욕구가 운명처럼 숨어 있었음을 새삼 느끼게 되었다.

수필가 등단

이런 저런 연유로 시인이신 모 선생님께서 수필을 쓸 것을 권유하였고, 그로 인해 2001년 수필가로 등단하는 영광을 안게 되었다. 처음에는 너무 감개무량할 정도로 기쁘고 내 자신이 자랑스러웠다.

그러나 그 기분은 오래가지 않았다. 수필가라는 책임이 어깨를 짓눌렀다. 수필가이기 때문에 제대로 된 글을 써야 한다는 강박관념에 시달렸다. 어떤 글을 써도 마음에 들지 않았고, 글 한 편을 놓고 끙끙 앓는 시간이 길어지고 점점 자신이 없어졌다.

수필이라는 것은 이론적 지식만 가지고 좋은 수필을 쓸 수 있는 것이 아님을 알면서도 수필 쓰기에 대한 이론서적과 다른 수필집을 탐

독해도 그 답은 아직도 풀리지 않았다.

때론 내가 왜 이 길로 들어서서 이런 고통을 겪어야 할까라는 생각도 한다. 그렇지만 나는 교사라는 본업 외에 수필가라는 또 다른 일을 가진 셈이다.

그래서 더욱 내 삶이 풍요로워졌고 세상을 보는 시야가 넓어졌다. 나는 이 풍요로운 삶을 놓치고 싶지 않다. 수필을 쓸 수 있다는 것은 나에게 축복이라고 생각한다.

수필 쓰기는 모난 나를 제대로 다듬어 주는 스승과 같은 것이다. 수필을 쓰면서 내 안의 이기심과 오만함을 들여다볼 수 있게 되었고, 앞으로 어떻게 살아가야 할 것인지에 대한 길을 찾아낸 셈이다.

수필가는 수필처럼 살아야 한다고 누가 말했다. 수필가라는 이름으로 살려면 수필처럼 살아야 한다는 것이 당연한 명제다. 그러나 그 길이 쉽지 않음을 안다. 수필가로서 가야 할 길이 멀고 아득하지만 그 길은 나를 충만하게 해 주는 길이기에 그 길을 기쁜 마음으로 가리라.

독자들이 찾는 수필집 한 권을 꿈꾸다

요즘은 독자보다 작가가 많은 시대라고 할 만큼 너나 없이 책을 내는 시대이다. 읽히기 위해서 책을 내지만, 정작 독자들에게 외면 받는 책들이 얼마나 많은가?

수필가로서의 나의 꿈은 독자들이 찾는 수필집 한 권 남기는 것이다. 그 일은 내 인생에 소중한 과제인 셈이다. 등단하자마자 수필집을 내는 사람들을 보면 한 편으로는 부럽기도 했다.

그러나 지금은 생각이 조금 바뀌고 있다. 원래 인간은 부족한 존재이고 미완성의 존재이기에 있는 그대로 사유의 조각들을 모아 내 이름을 건 수필집을 세상에 내어 놓는 것도 겸손에 어긋나지 않다는 생각을 하기에 이른 것이다.

한 폭의 그림이나 한 곡의 음악이 사람의 마음을 위안과 평화로 몰고 가듯이 나의 수필 한 편도 누군가에게 그러기를 기대한다.

2010. 12.

제주시 애월읍 구엄리에서

차례

〈사랑하였으므로〉_ 윤성희

1부_ 빨간 구두

Contents

〈다랑쉬 가는 길〉_ **현진일**

2부_ 씹는 맛, 사는 맛

차례

〈저 높은 곳을 향하여〉_ 김옥자

3부_ 교단 산책

Contents

〈해풍〉_ 강안선

4부_ 주니찌

차례

〈마음이 머무는 곳〉_ 조윤경

5부_ 그녀의 이야기

Contents

〈쑥부쟁이와 일출봉〉_ 김차선

6부_ 바람의 아들

1부_빨간 구두

가을꽃

여름방학 끝자락에 독서와 논술에 관련된 연수를 받을 때다. 독서운동하는 강사 선생님이 월북 작가 이태준의 《무서록》에 실린 〈가을꽃〉이란 수필 한 편을 읽어주었다. 그 글의 마지막은 '가을꽃들은 아지랑이와 새소리를 모른다. 찬 달빛과 늙은 벌레소리에 피고 지는 것이 그들의 슬픔이요 또한 명예이다' 로 끝이 난다. 실로 문장의 맛을 느낄 수 있는 부분이다.

그날 집에 와서 〈가을꽃〉을 다시 읽었다. 작년 가을에 남편에게서 받고 단숨에 읽어낸 책이라 그 맛나는 문장을 기억할 리가 없다. 그저 그의 글이 내 마음의 코드와 맞물렸을 때 따스한 전류가 흘렀고, 깊은 입김을 삼켰을 뿐이다.

그는 〈가을꽃〉에서 코스모스는 '외래화外來花여서 그런지 늘 먼 곳을 발돋움하며 그리움에 피고진다' 고 했다. 그리고 '그의 앞에 서면 언제든지 영녀취미令女趣味의 슬픈 로맨스가 쓰고 싶어진다' 고 했다.

가을꽃 코스모스가 지천으로 피었다. 도로변에도 피었고, 마을 공터 모퉁이에도 피었다. 찬 달빛과 늙은 벌레소리가 없이도 잘도 피었다. 누가 거름 주고 보살펴 주지 않아도 여름 중천부터 꽃대를 내밀더니 앞 다투어 피었다. 한여름의 뙤약볕과 태풍이 휩쓸고 간 후에도 의연하게 가는 허리를 한들거리더니 가녀린 꽃대 위에 꽃접시를 올려놓았다.

그런 코스모스 꽃을 보면 마냥 기분이 좋아지던 때가 있었다. 내 나이 마흔 이전까지는 그랬던 것같다. 왜 그 꽃만 보면 그렇게 헤죽헤죽 웃음이 나오는지 나도 모르는 때가 있었다. 가느다란 꽃대가 견딜만한 무게로 사뿐히 내려앉은 얇고 아름다운 꽃잎 때문만은 아니다. 어쩌면 차창 밖의 공기와 코스모스의 하늘거림이 가을을 타는 내 마음의 율동과 너무도 닮아서 그랬던 것같다. 그래서 코스모스는 가을 타는 나를 위해 핀 꽃이라는 생각을 한 때도 있었다. 그 후로 차차 코스모스는 가을을 알리는 꽃 정도로만 대면을 하게 되었다.

이제 오십 줄에 접어든 나에게 코스모스는 또 다른 모습으로 비쳐진다. 한여름처럼 팔팔 끓던 정열도, 신록 같던 청춘도 어울리지 않는다고 생각되는 나이가 되었을 때 가슴에 휑하니 바람구멍이 났었다. 그때 빈 마음을 채워준 꽃이 코스모스다.

긴 여름을 지낸 후 가을이라는 길목에서 삶이 허허롭다고 느낄 때 코스모스는 먼지 날리는 도로변에서 마치 '지난 시간 수고했다' 고 말하듯이 몸을 흔들고 있었다.

코스모스는 꽃집에서 팔지 않는다. 그래서 그에게는 꽃다발이라는 명예로운 지위와 영광도 주어지지 않는다. 그저 자기 자리에서 길고 뜨거운 여름을 땀으로 이겨낸 사람들에게 온몸으로 위로를 한다. 지나는 이들이 탄성을 자아내지 않아도 의연하게 늘 한들거린다.

코스모스는 무더기로 있을 때가 아름답다. 혼자 자태를 뽐내는 코스모스를 본 적이 없다. 늘 높고 낮은 꽃송이가 어울려 조화롭게 핀다. 우리네 삶이 그러하여야 함을 보여준다.

이 긴 여름 말복더위의 꼬리 끝에까지 따라와 기세를 부리던 열성 햇빛도 9월이 들면서 철든 며느리마냥 수그러들었다. 이제야 제철을 만난 가을 여신은 훨훨 온 산하를 두루 돌아다니며 새로운 기운을 뿌린다. 코스모스는 비로소 물을 만난 물고기처럼 간드러지게 몸을 흔든다. 정말 가을다운 가을이 되어야 코스모스도 가을꽃으로 우리와 내통하게 되는 것같다.

한여름에 핀 코스모스는 가을꽃이 아니다. 가을에 핀 코스모스라야 진정 가을꽃이다. 한여름 열기를 인내로 참아내어 때가 되어 핀 꽃이 진정 가을꽃이다.

빨간 구두

요즘 구둣가게에 진열된 구두의 색들은 그야말로 형형색색이다. 어느 것 하나 곱지 않은 색이 없다. 아가씨들의 옷차림만큼이나 구두의 색도 다양한데, 유독 빨간 색 구두를 보면 유년시절의 추억이 떠오른다.

지금까지 신다 버린 구두만 해도 한 트럭(?)은 될 거다. 구두의 색으로 따지자면 주로 검은 색이나, 갈색, 회색, 흰색 구두를 신었다. 그 색들은 아무 색깔의 옷에 신어도 무난하기 때문이다. 그 만큼 나는 튀는 색의 구두를 싫어했고 세련이나 멋과는 거리가 멀었다. 그저 평범한 색깔의 옷에 돋보이지 않는 구두를 주로 신었다. 그런 나에게 유쾌한 빨간 구두의 추억이 있다. 나는 빨간 구두를 지금까지 두 번 신었다. 두 켤레 신었다는 말이다.

첫 번째로 내가 신은 빨간 구두는 초등학교 3학년 때였다. 그때가 1960년대 말이라 거의 모든 학생들이 검은 고무신을 신고 학교에 다녔다. 어쩌다 부잣집 아이 한두 명은 지금의 실내화와 모양이 같은 검은 맹꽁이 운동화를 신었다.

그런데 내가 우리 학교에서 빨간 구두를 처음으로 신게 된 것이다. 초등학교 3학년 봄에 외삼촌이 멋있는 아가씨를 대동하고 학교에 나타났다. 외숙모가 될 사람이란다. 늘씬한 키에 미니스커트를 입고, 짙은 색 안경을 낀 아가씨는 너무나 예쁘고 멋있었다. 서울에서 살다가 삼촌과 결혼 약속을 하고 내려왔다는 것이다.

시골 아이들은 화려하게 차려입은 그 아가씨의 외모에 눈이 휘둥그래졌다. 삼촌이 예쁘고 멋진 아가씨와 함께 나를 찾아왔으니, 나도 모르게 어깨가 으쓱해지는 기분이었다. 외삼촌은 학교가 끝나자 나를 데리고 시내에 가서 아이스크림도 사주시고, 그 당시 내가 신은 고무신이 다 낡았는지, 어쨌든 신발가게로 나를 데려가서 빨간 구두를 사주셨다. 빨간 에나멜 구두가 반짝거릴 때 내 가슴도 반짝거렸다.

그날 밤 구두를 안고 잠을 잤다. 어머니도 기뻐셔서 구두를 만져 보시더니 외숙모가 될 사람에게 고마워하는 표정이 역력했다.

이튿날 나는 빨간 구두를 신고 학교에 갔다. 우리 동네 아이들은 빨간 구두를 신은 나를 부러움의 대상으로 바라보며 빨간 구두의 뒤를 졸졸 따라 왔다. 나의 구두는 우리 반 신발장 전체를 빛나게 했다. 쉬는 시간이 되면 다른 학년 아이들까지 우리 반 신발장 앞으로 모여들었다.

창문에 고개를 바짝 들이대고 신발장에서 뽐내는 나의 빨간 구두를 흠모하듯이 바라보았다. 내가 구두를 신으면 그 흠모의 대상은 나로 바뀐다. 빨간 구두와 나는 한 몸이 된 것이다. 그 구두를 신었을 때는 세상에 부러운 것이 없었다. 그렇게 나의 첫 번째 빨간 구두는 유쾌한 추억 속으로 사라졌다.

두 번째로 신었던 빨간 구두는 나의 신혼 시절로 거슬러 올라간다. 결혼예복이 빨간 색이라 옷 색깔에 맞추다 보니 빨간 구두를 사게 된 것이다. 앞에 리본까지 달린 귀엽고 예쁜 구두였다. 빨간 투피스에 빨간 구두를 신고 신혼여행을 다녀왔고 그 후 그 투피스를 입을 때마다 그 구두를 신었다.

그 구두를 신을 때마다 초등학교 시절에 신었던 빨간 구두의 추억이 되살아나서 기분이 괜히 좋아졌다. 처음 신었던 빨간 구두처럼 주위에서 주인공 대접을 해 줄지도 모른다는 기대감과 함께 그 구두를 꽤 오래 신었던 걸로 기억이 된다.

지금 구둣가게에 진열되어 있는 빨간 구두는 나 아닌 다른 주인을 기다리고 있다. 지금 나는 빨간 색 구두를 신고 싶은 것이 아니다. 나이 오십에 빨간 구두를 신으면 '주책이 따로 없다' 고 할 사람들이 있을 것이다. 내가 봐도 주책일 것같다.

그렇지만, 앞으로 빨간 구두는 꼭 한 번 더 신고 싶다. 내 나이가 석양의 노을과 잘 어울리는 나이가 되었을 때 빨간 구두를 신고 싶다. 그때는 아마 주위 사람들이 "할머니, 참 예쁜 구두를 신으셨군요!" 라고 인사를 할지도 모른다.

그러면 나는 또 다시 빨간 구두를 신었던 초등학교 시절을 회상하며 행복한 미소를 지을 테니까.

10년 후의 어느 날

'10년' 이라는 단어를 생각하면 먼저 떠오르는 것이 '10년이면 강산도 변한다' 는 말이다. 그 만큼 10년이라는 세월은 무엇을 변화시키기에는 충분한 짧지 않은 시간이라는 뜻일 게다.

인간의 힘으로 어쩔 수 없는 강산도 변하는데, 하물며 인간사의 다른 것들은 더 말할 나위 없이 변하지 않겠느냐는 의미가 담겨 있는 말이라고 생각한다.

살다 보면 변하는 게 한두 가지가 아니다. 주변의 환경뿐만 아니라 사람도 변한다. 사람이 변했다는 의미는 겉모습이 달라졌다는 의미보다는 그 사람의 내면의 모습이 달라졌다는 것을 의미할 때가 더 많다.

전에는 안 그랬던 사람이 점점 쌀쌀맞게 대한다든지, 다정다감했던 사람이 냉랭하게 대한다든지 할 때 '그 사람 달라졌다' 는 말을 쓴다. 그 사람이 그렇게 달라지기까지는 그 사람 주변의 것들이 변화가 있었을 것임에 틀림이 없건만, 우리는 달라진 사람만을 탓한다.

세월을 되돌릴 수 있다면야 그런 말이 나오지 않았을 거다. 지나간 10년이 그렇듯 앞으로의 10년도 무엇이든 변화시킬 수 있다는 말이다. 10년을 목표로 한다면 무엇이든 가능하다는 말로 생각하면 어떨까?

자기 집을 마련하는 기간을 10년으로 잡고 목표를 향해 열심히 일해서 그것을 이루는 사람이 있는가 하면 10년이 지나도 그 목표를 이루지 못한 사람도 많다.

나도 10년 후의 목표를 가지고 있다. 그것은 바로 나의 수필집을 하나 내는 것이다. 수필집 하나 내는 것이 뭐 그리 대단한 것이라서 10년씩이나 긴 세월을 목표로 잡느냐고 말하는 사람도 있겠지만, 나는 그렇지 않다. 그 만큼 수필은 내 인생의 결실이며 무거운 짐이며 십자가일 수밖에 없기 때문이다. 10년 후에 나의 수필집을 낼 수 있다면 나는 10년 동안 더 살 수 있다는 것이 보장된 것이고, 10년 동안 글을 쓰는 일을 게을리 하지 않았다는 뜻이 되는 것이다.

앞으로 10년 후의 내 나이는 50대 후반으로 60을 바라보게 된다. 그동안 살아온 세월만큼 나의 글도 그 만큼 성숙되기를 기대하는 마음으로 10년을 내다보는 것이다. 글 속에 그 사람의 됨됨이가 녹아나는 게 수필인데, 나의 삶이 10년 동안 얼마나 성숙한 글을 만들어 낼 수 있을지 생각해 본다.

누가 읽어도 읽는 이의 마음 한 쪽을 싸―하게 하는 진솔한 글들을 10년 동안 열심히 쓰고 싶다. 이런 글들이 모여서 10년 후에는 책으로 펴내진다면 얼마나 좋을까?

좋은 글은 읽는 이의 마음을 움직인다. 파도처럼 철렁거리게 할 수도 있고, 잔잔한 파장으로 흐르게 할 수도 있으며, 쿵쿵 가슴 뛰게 할 수도 있다.

좋은 글을 쓸 수 있다는 것은 그 만큼 솔직하다는 뜻일 수도 있다. 인간이 가지고 있는 가장 보편적이고 공통적인 속성들을 얼마나 진솔하게 나타내느냐에 달려 있다고 생각해 본다. 피상의 삶을 노래하기보다는 가슴 속을 흐르는 삶의 조각들을 건져 올리는 것이다.

나는 10년이 지나도 좋은 글 하나 못 쓸 것같다는 생각을 해 본다. 왜냐하면 나는 지금 사유의 삶보다는 행동하고 이동하는 삶을 더 많이 살고 있기 때문이다. 그런 삶 속에서는 좋은 글이 쓰여질 수 없음을 알기 때문이다.

사유하는 삶을 살지 않고는 가슴 속을 흐르는 삶의 조각들을 볼 수도 없고 건져 올릴 수도 없기 때문이다.

직장을 가진 사람이라면 누구나가 요즘은 바쁘다는 말을 자주 한다. 무엇이 바쁜지 정말 바쁘다. 생각할 시간적 여유도 없이 여기저기 쉴 새 없이 부지런히 움직여 다닌다. 집에서는 집안 일 합네 하면서 바쁘고, 직장에서는 직장일 합네 하면서 바쁘고, 거기다가 모임 참석, 경조사 참석, 정말 바쁘다. 이렇게 바쁘게 돌아다니다 집에 들어오면 집에서도 바쁘다.

집안일을 다 마치고 컴퓨터 앞에 앉아 몇 자 적을라치면 피곤과 졸음이 몰려온다. 내 영혼이 그 만큼 글쓰기에 대한 욕구가 낮다는 뜻일 수도 있다. 스스로 성숙되기를 바라면서, 노력하지 않는 나의 모습을 볼 때마다 나는 별 수 없는 인간이란 생각을 한다.

그러나 나는 10년 전의 나의 모습보다는 10년 후의 나의 모습을 생각하는 것이 더 좋다. 지나간 시간에 대한 연민보다는 다가오는 시간에 대한 희망이 더 좋기 때문이다.

비록 10년 후의 나의 삶이 지금 생각하는 것보다 빈약할지라도 나는 10년 후를 기대한다. 지금으로부터 10년 후에 또 다시 10년을 기대하며 살겠다.

그럴 수 있으면 나는 행복한 사람이다. 무엇을 위해서 어떻게 사는 것이 진정 진솔한 삶인지 종잡을 수 없을 때가 있다.

하지만, 지금으로서는 '지금— 여기' 에서의 삶을 충실하게 사는 방법 밖에 없다는 생각을 해 본다.

세월을 품은 나이

해가 바뀔 때마다 나이 한 살을 더 먹는다는 것이 아쉽기만 하더니, 언제부터인지 나이 먹는 일에 신경을 덜 쓰게 되었다. 어찌 보면 남들도 똑같이 나이 들어가는 것인데, 나만 서운해 하거나 안타까워할 필요가 없다는 생각이 들어서이다. 나와 동시대를 살아가는 사람들이 다 나이를 먹는데 나만 혼자 나이를 먹지 않는다면 그 또한 좋아할 일만은 아닌 것같다는 생각이 든다.

나이는 누구에게나 공평하게 시간과 비례해서 주어지는 것이기 때문에 내 욕심이나 바람과는 무관한 것이 나이 드는 일이다. 높은 권세의 자리에 있는 사람이나 하루 벌어 사는 사람이나 똑같이 한 해가 가면 나이 한 살이 더 는다. 아무리 장사라도 나이 드는 것을 막을 수 있는 사람은 없지 않은가?

나이 드는 것에 섭섭하거나 아쉬워하는 이유는 나이에 따른 신체 및 생리적 변화와 심리적 증상들이 두렵기 때문이다. 나이는 숫자에 불과하다고 하지만, 나이에 따른 신체적 변화 또한 받아들여야 할 것이다. 나이에 뒤따라오는 여러 가지의 삶의 과제나 증상들과 맞서 이길 수 있도록 미리 준비하는 자세가 필요하다.

그 동안 나와 함께 해 온 나이는 나의 지난 세월을 다 품고 있다. 나이는 곧 세월이다. 그래서 나이는 그 사람의 모든 것을 알고 있다. 나와 함께 해 온 나이도 내 삶의 모든 것을 알고 있다.

지금은 세월 속에 묻혀 있는 내 나이의 기록들을 찾아 타임머신을 타고 나이 여행을 떠나 본다.

20대 때는 한창 꿈에 부푼 시기였다. 세상 일이 마음만 먹으면 못할 일이 없고, 어떤 시련도 이겨낼 수 있다는 자신감으로 가득 차 있었다. 젊음 자체가 아름다움이었고, 싱그러움이었으며, 희망이었다. 젊음의 패기로 혼자 여행도 했고, 사람 만나는 것도 거침이 없었다.

5월의 신록처럼 싱그럽고 생기 넘쳤다. 젊음이라는 상표가 주는 청춘의 아름다움을 간직한 채 사회에 첫발을 내디뎠다. 인생의 동반자를 만나 결혼을 했고, 어머니가 되었다. 두 아이 낳고 키우랴, 남편 챙기랴, 자기 일 하랴, 며느리 역할 하랴, 그야말로 정신이 없이 지나갔다.

어느 날 문득 보니 서른 살 고개로 넘어와 있었다. 그때는 학교에 다니는 아들딸의 시험 점수에 희비가 엇갈리며 울고 웃었다. 시어머니와 할머니를 이승에서 떠나보내며 삶과 죽음을 조금씩 이해하게 되었다.

나에게 있어서 40대는 세상을 배워가는 시기였다. 인간사의 생로병사生老病死를 주변에서 보면서 세상에 쉬운 일이 없고 공짜가 없다는 것을 깨달았고, 참다운 인생이 어떤 것인가를 생각해 보게 한 시기이다. 자식은 나에게 무엇이며, 남편은 또한 나에게 어떤 존재인지 생각하게 했다. 내 삶이 허무해지는 것이 싫어서 나를 위한 시간을 더 많이 가지려고 노력했다. 아직도 공부하는 자식들을 생각하면 마음 편한 날이 없다.

내 나이 50대가 되었다. 삶의 형태가 어느 정도 결정된 시점에서 주어진 상황에서 만족하며 산다. 이제 아무리 발버둥쳐 봐야 재벌이 될 수도 없고, 살아온 과거가 잘못되었다고 하더라도 어찌해 볼 수 없는 터라 지금 이대로 살 수밖에 없는 것이다.

인생이 마음먹기에 달린 것이라지만, 지금 시점에서 마음을 달리 먹은들 크게 달라질 게 없음을 알아 버리는 나이가 되었다. 주어진 상황에서 최선을 다하는 것만이 남은 인생 후회 없이 사는 것임을 알기에 '성실과 최선' 을 무기로 열심히 살 것이다.

60대가 되면 자식이 성장하면서 출가시키기 시작하는 나이이다. 그동안 온갖 정성으로 키운 자식을 떠나보내는 부모의 심정이 어떠한지를 직접 느껴 보고서야 늙으신 부모님의 은혜를 가슴에 새길 것이다.

할머니 소리를 듣는다. 출가한 자식 걱정은 여전하고 손자 손녀의 재롱을 볼 때는 잠시 행복해지겠지.

어느새 70대가 되겠지. 그때가 되면 어디 가나 늙은이 취급을 받는다. 버스 타도 노약자석을 찾아 앉게 되고, 보건소나 병원도 경로우대증을 제시하여 특별대우를 받게 된다. 자식들은 다 출가하고 늙은 부부만이 집을 지킨다.

어쩌다 오래된 친구들이 찾아와서 이야기를 나누다 가면 그날은 기쁜 날이다. 몸의 여기저기가 저리고 쑤신다. 몸에 좋다는 건강식을 찾아 이것저것 해 보지만, 별 효과는 없다.

늙는 것이 서러워진다. 책을 읽어도 전처럼 오래 읽지 못한다. 심심해지면 텔레비전 앞에서 시간을 보내기도 한다. 가끔은 부부가 손을 잡고 지는 석양을 바라보며 말없이 걷다가 눈이 마주치면 빙그레 웃는다. 웃는 얼굴의 주름살 위로 평화의 빛이 내려앉는다.

과연 나는 그런 70대까지 살 수나 있을런지…….

앙코르와트의 감동

비행기가 서서히 우리나라의 땅과 멀어진다. 이제부터 6박 7일의 베트남, 캄보디아 여행의 시작이다. 여행은 어디를 가든지 설렘과 호기심을 동반한다. 가끔 비행기 창문을 통해서 본 하늘은 평화롭기만 하다. 몽실몽실 하얀 구름 위를 날고 있는 동안 베트남과 캄보디아라는 가 보지 못한 나라에 대한 기대로 시간이 얼마나 흘렀는지 모르겠다.

고도 1800m에서 1400m로 서서히 하강하는 비행기 안에서 아래를 보니 푸른 숲 사이사이로 갈색 황톳길들이 요리조리 뻗은 베트남의 산야가 그림같이 보인다. 굽이쳐 흐르는 강물의 색은 싯누렇다.

우리 반 아이들이 그린 강물은 늘 푸른색이다. 세상에는 내가 생각하는 상식과는 정반대인 것들이 수없이 존재한다. 강물의 색도 마찬가지다. 사이공 시내가 한눈에 들어오는가 싶더니 비행기는 활주로 위를 미끄러져 내렸다. 조금 전부터 기내에서는 에어컨 바람이 흘러

나와 공간이 바뀌었음을 알려준다.

한국의 1월은 춥다. 날씨가 추워지면 마음도 같이 추워지고 무거워진다. 비행기에서 내리자 후끈한 열기가 이곳이 여름임을 말해 준다. 여행객들이 "아이 더워"라는 말과 함께 두꺼운 외투를 벗고 가볍고 시원한 옷으로 갈아입는 모습이 마치 무겁고 힘든 고통의 짐을 벗어 버리는 '의식' 같다는 생각을 했다. 그동안 마음 속에 무겁게 짊어지고 다니던 것들을 벗어 던지고 가볍고 힘찬 희망의 옷으로 갈아입는 '의식' 말이다. 짧은 옷과 가벼운 신발로 바꾸어 신고 나니 몸도 마음도 홀가분하고 시원한 느낌이 든다.

지금 여기에서는 더위라는 열기가 나의 무거운 외투를 벗어 버리게 했지만, 진작 벗어 던져야 할 내 안의 외투는 어떤 연유가 있어야 벗어 던져질지 자문해 본다.

삶이 힘들고 버겁지 않은 사람이 어디 있겠는가. 하지만 정작 우리를 무겁게 만드는 것은 몸에 걸친 외투가 아니라 마음을 비우지 않은 채 자꾸 채우려고 하는 데서 오는 허기짐 같은 것이 아닐지 생각해 본다. 드높은 하늘을 나는 새들은 춥다고 무거운 외투를 더 걸치지 않으며, 가진 것을 더 채우려고 먹을 것을 쌓아 두지도 않는다.

우리나라보다 시차가 2시간 정도 늦으니 시계의 바늘을 다시 거꾸로 돌려놓았다. 두 시간을 공짜로 얻었다는 생각에 기분이 우쭐했지만, 나의 단순한 착각임을 곧 알았다. 두 시간 동안의 삶이 다시 되돌려지는 것도 아니며 나의 삶의 시간이 두 시간 더 연장되는 것이 아닌 공간이 바뀌어서 잠시 그 공간에 머물 동안 그 공간의 규칙을 따르는 것뿐임을 깨달았다.

호치민 공항에서 캄보디아의 앙코르와트 유적지로 가기 위해서 씨엔립행 비행기를 갈아탔다. 호치민에서 캄보디아의 씨엔립까지는 약 1시간 15분 정도 걸린다고 들었는데, 씨엔립 공항에 도착해 보니 약 50분 정도 걸린 것 같았다.

공항에서 캄보디아 비자를 받기 위해 여행객들이 줄을 섰다. 여섯 명의 공안원들이 여권을 찬찬히 확인하면서 비자를 내주었다. 공식 요금보다 급행료를 따로 더 주는 팁부터 빨리 처리해 주는 원칙이 지켜지지 않는 후진국의 작태를 보며 씁쓸한 웃음이 나왔다. 우리 일행은 맨 뒤로 밀려 났지만, 급행료 없이 해냈다는 자부심으로 마음은 한결 가벼웠다.

이튿날 캄보디아의 날씨는 그야말로 햇빛은 쨍쨍 모래알은 반짝거리는 더운 날이다. 구름 한 점 없는 하늘이 우리나라의 가을 하늘 같았지만, 습한 공기는 체감 더위를 더욱 덥게 했다.

세계 7대 불가사의 중의 하나인 앙코르와트의 유적지를 보기 위해 멀리 이곳까지 온 것을 생각하니 감개무량했다.

'앙코르' 라는 말에는 'city' 라는 뜻이 담겨 있고, 용왕이 사는 수중 동굴 이름이 '앙고르' 인데 그 이름에서 유래됐다고 한다. 앙코르톰은 한 변의 길이가 3km나 되는 사각형의 도시였으나 지금은 원시림으로 덮여 그 흔적들을 군데군데서만 찾아 볼 수 있다고 한다.

들어가는 남문 입구에는 일곱 개의 머리를 가진 뱀의 형상으로 된 석상들이 양쪽 다리 난간 위에서 우리를 맞았다. 성벽으로 둘러싸인 중심에는 바이욘 사원이 있다. '브라흐만' 이라 불리는 사면상(얼굴이 사면인 신)이 54개나 있는 바이욘 사원은 3층으로 되었는데 무너져 내린 부분도 있었지만 석조건물이 내뿜는 장중함은 보는 사람들을 감탄하게 하기에 충분했다.

1층은 미물세계(지옥)를 상징하고, 2층은 현실세계, 3층은 이상세계(천당)를 상징한다는 안내자의 말을 듣고 현실세계에서의 삶이 천당행과 지옥행을 결정한다는 신의 계시는 오래 전부터 있어 온 듯하다. 지옥과 천당은 신의 세계라면 현실은 인간세계이다. 죽어야 만날 수 있는 신의 세계는 인간으로 하여금 살아있는 동안 참 삶을 살게 하는 원동력이 되고 있다.

1층의 앞쪽 벽에 그려진 벽화를 보면서 그 당시의 모습을 추측해 보았다. 우스꽝스러운 돼지싸움, 닭싸움 하는 모습이나 요리하는 모습, 학교 모습, 마차를 타고 가는 모습 등은 크메르족의 옛 생활 모습을 상상케 했다.

3층으로 올라가서 천천히 한 바퀴를 도는 동안 여러 개의 사면상이 우뚝우뚝 서 있는 것을 보았다. 신의 얼굴을 한 그 석상들은 마치 아래의 인간세상을 내려다보며 울고 웃었을지도 모른다.

앙코르톰을 뒤로 하고 앙코르와트로 향했다. 앙코르와트의 구조는 동서로 약 1,500미터, 남북으로 약 1,300미터의 넓이에 중앙에 있는 탑을 기준으로 사원이 건설되었고 12세기 전반에 왕을 힌두교의 신과 일체화시켜 왕의 묘로 사용하기 위해 이 사원을 세웠다고 한다.

알고 보면 앙코르와트는 힌두교의 신들과 통치자인 왕을 위해 세워진 건축물이라고 할 수 있다. 사원의 정문을 들어서는 순간 석조건물의 장엄함에 사로잡혀 입이 저절로 벌어졌고, 맨발로 걸어가는 승려의 모습은 건물과 어울려 숙연함을 자아내게 했다.

가운데에 있는 방추형의 중앙탑과 어우러진 양쪽의 탑이 조화를 이루어 안정감이 들었다. 그 시대의 종교적 사상에 의한 건축물이 오늘날까지 이렇게 웅장한 모습으로 남아 있으니 인간의 힘이 얼마나 위대한지를 새삼 느낄 수 있었다. 들어가는 입구에서부터 참배하는 사람들이 줄을 이었는데, 거대한 석조건물이 태양빛과 함께 내뿜는 웅장함에 잠시 나의 존재가 우주의 흙먼지와도 같은 미물임을 다시 느꼈다.

사원 안으로 들어서자 먼저 눈에 띈 것은 회랑에 그려진 조각들이었다. 압살라춤을 추는 여인들이며 온갖 상상의 세계가 끝없이 이어지는 벽화를 이야기로 꾸민다면 그리스 로마 신화보다 더 재미있는 신화가 될 것같다는 생각을 해 보았다. 벽화 하나하나가 너무나 정교하고 세밀하여 감탄하지 않을 수 없었다.

피라미드 구조로 되어 있는 탑을 올라가는데, 1층에서는 두 발로 가다가 2층으로 갈수록 허리가 굽어지더니 3층은 계단경사가 75도나 되어서 네 발로 기어가다시피 올라갔다. 각층마다 회랑이 있고 누워 있거나 앉아 있는 석상들이 잊혀진 그 시절을 떠올리게 했다.

또 다른 곳에 있는 바프온 사원은 보수공사 중이었고, 타프론 사원은 복구가 어려울 정도로 많이 훼손되어 있었지만, 한 시대의 위대한 문명은 그 당시뿐만 아니라 후세의 사람들에게도 말로 설명할 수 없는 신비와 감동, 감탄을 선물한다는 것을 느꼈다.

그리고 언젠가 다시 앙코르와트를 찾아왔을 때 이 모든 것들이 또 다른 감동으로 나를 맞이할 것이다.

초미니 해바라기

'아니 재가 왜 여기에 있지…?'

지름이 1센티미터 정도의 가느다란 줄기에는 나선형 잎이 세 개이고 한 뼘 정도의 키 높이 끝에는 커피 잔 둘레만큼 한 노란 색 꽃이 앙증맞게 피었다. 꽃의 가운데는 커피색이고 가장자리는 노란 색이다. 잎이나 꽃의 모양으로 봐서는 해바라기임이 틀림없다. 다른 데서 싹을 틔우고 화분에 옮겨져 이곳까지 왔는지는 모르지만 가만히 들여다보니 대견함과 안쓰러운 마음이 교차했다. 아직 꽃을 피우기엔 너무 키가 작았기 때문이다.

일반적인 해바라기라면 밖에서 한창 줄기가 쑥쑥 자라야 할 시기인데 어떤 연유에서 이렇게 일찍 꽃을 피우게 되었으며 이 건물 안으로 들어왔는지는 꽃만이 알 일이지만 쪼끄만 게 꽃을 피우려니 얼마나 힘이 들었을까 하는 생각이 들었다.

누구라도 해바라기하면 키가 1미터 이상은 되며 둥근 접시와 같은 노란 꽃이 햇빛을 향해 고개를 세우는 꽃이라고 알고 있다. 해바라기는 햇빛을 좋아해 한여름 뙤약볕 아래에서가 더 빛나는 법인데 그 속도 모르고 화분에다 심고 실내에 갖다 놓았으니 해바라기가 사람바라기가 된 셈이니 안타까울 수밖에. 그것도 아직 6월인데 꽃을 피우다니.

아주 오래 전에 본 영화의 한 장면 중에는 끝없이 펼쳐진 해바라기 밭이 인상적이었다. 주인공의 키만큼이나 자란 노란 해바라기가 물결치는 모습에서 강렬한 해바라기의 힘을 보는 듯했다.

해바라기는 북아메리카 원산인 국화과에 속하는 1년생 식물로, 키는 2미터 가량, 줄기는 곧게 섬, 꽃은 노란색이며 개화기는 8~9월이다.

인터넷 자료에는 한국에서는 줄기가 3m까지도 자랄 수 있고 꽃의 지름은 30cm까지도 자란다고 나와 있다. 그 말대로라면 해바라기의 키는 작아도 1미터 이상은 자라야 되는 것이 옳다. 그게 해바라기의 본성이며 특성이기 때문이다. 요즘 우리 학교 뒤 화단에도 해바라기가 1미터를 넘게 쑥쑥 자라고 있다.

꽃을 피울 날을 위하여 열심히 크고 있다. 그런데 내가 본 해바라기는 겨우 한 뼘 높이 정도밖에 안 자랐는데 노란 꽃을 피워냈다. 그야말로 초미니 해바라기이다.

가끔 텔레비전에서 보면 어린아이가 어른이 부르는 가요를 어른 뺨치게 부르기도 하고, 요란한 댄스를 선보이기도 한다. 그 모습을 보는 어른들은 즐거워하며 대단하다는 박수를 보내기도 한다.

그러나 나는 그런 장면을 보면 왠지 그 어린아이가 안쓰럽게 느껴진다. 본인이 정말 좋아서 잘하게 된 아이도 있겠지만, 어른들의 욕심 때문에 그렇게 길러진 아이도 있기 때문이다. 화분에 심어진 미니 해바라기도 생명 공학자에 의해 그렇게 만들어진 변종인지도 모른다.

우리 인간은 지구상에 출현한 이후 만물의 영장답게 다른 생명체들을 더 효율적으로 이용해 왔다. 생명공학의 발달로 생물자원을 농작물로 재배하고, 야생생물을 작물화 및 가축화하기도 하고 품종개량 등을 통해 생물의 종을 더욱 다양하게 변화시켰다.

우량 동물을 다량으로 생산하여 식량난 해결에 도움을 주기도 하고, 멸종위기에 처한 동식물을 보전시키기도 한다. 어떤 경우에는 인간의 질병치료를 위한 동물을 만들어내기도 한다.

식물에서도 호박과 수박을 섞어 만든 호박수박이나 오이고추만 보더라도 변종식물은 이제 우리 식탁 위에까지 차지하고 있는 게 사실이다.

더욱이 지구 온난화와 환경오염으로 환경 생태계가 파괴되고 그로 인해서 동물이나 식물도 원래의 종의 속성이 변화되어 가고 있다. 유럽에서는 사람 머리보다도 더 큰 레몬이 달렸다는 뉴스를 인터넷에서 본 적이 있다.

모든 동식물은 나고 죽는 사이에 거쳐 가는 과정과 그 만큼의 시간을 충분히 누릴 권리가 있다. 사람에게는 유아기, 아동기를 거쳐 청소년기를 지나서 중년과 노년의 시기를 다 누릴 시간이 필요하듯이 식물도 그렇다.

그런데 이 해바라기는 싹을 틔우고 난 후 한창 키가 커야 할 시기에 벌써 꽃을 피웠으니 '조로早老 해바라기' 가 된 셈이다.

며칠 후 다시 찾은 그곳 건물 밖에는 죽은 해바라기 화분이 말없이 서 있었다. 생명공학이나 과학이라는 이름으로 햇빛을 먹고 사는 해바라기 꽃을 실내에서 초스피드로 키우는 어리석음을 불러 와서는 안 된다. 햇빛은 영원한 자연이요 순리이며, 희망이기 때문이다.

앞으로 이 초미니 해바라기처럼 인간도 초스피드로 성장할 수 있는 새로운 화학물질이 나와서 아기가 몇 달만에 어른이 되는 변종인간이 나타날지도 모른다.

그리고 인간과 식물이 결합되어 과학 상상소설에 등장하는 식물인간이 솟아날지도 모를 일이다.

해와 달의 고집

해와 달이 나뭇잎 색깔 때문에 다투고 있다. 해는 나뭇잎 색이 초록색이라고 하고, 달은 은빛이라고 고집을 부린다. 해와 달은 한 치의 양보도 없이 자기 목소리를 높이면서 상대에게 지지 않으려고 삿대질을 하며 눈을 부라린다. 그 일 때문에 멀리서부터 보이면 고개를 돌리게 되었다.

해와 달은 자신들의 뜻에 맞는 사람들하고만 만나고 어울려 다녔다. 이전까지는 늘 사이 좋게 지내왔던 해와 달이 나뭇잎 색깔 때문에 서로 원수처럼 되어 버렸다. 해와 달은 서로 하는 일이 달랐지만, 이 일이 있기 전까지만 해도 사이 좋게 지냈었다. 이제는 해와 달 사이에 평화는 깨어져 버렸고, 차가운 냉기만 감돌았다.

그때 지나가던 바람이 말했다.

"너희들 왜 싸우니?"

"응, 내 말 좀 들어봐. 나뭇잎은 분명 초록색인데 달이 자꾸 은빛이라고 우기잖아!"

해가 달을 곁눈질로 보며 대답했다.

"아니야, 내가 본 나뭇잎은 분명 은빛이었는데, 해가 초록색이라고 말도 안 되는 소리를 하잖아."

달이 화를 참지 못하고 큰 소리로 말했다.

그 말을 듣고 바람이 빙긋이 웃으며 말했다.

"둘 다 맞는 말이야. 나뭇잎은 낮에는 초록색이지만 달빛을 받으면 은빛으로 빛나거든."

우리는 흔히 눈으로 보이는 사실만이 진리라고 생각한다. 자신이 본 것, 들은 것, 느낀 것만이 진실이라고 고집을 부릴 때가 있다. 누구나 조금씩은 그런 편견에 사로잡혀 살아가고 있다.

아는 만큼 보인다는 말이 있듯이 안다고 생각하는 것들에 대하여 맹신한다. 안다는 것이 무엇인가? 단지 보고 듣고 느낀 것만이 아는 것의 전부는 아니지 않는가? 겪어봐야 안다는 말이 있지만 겪어봐서 아는 것이 과연 얼마나 아는 것인가? 아무리 많이 깊이 있게 잘 안다고 해도 세상이치의 아주 미약한 일부분에 지나지 않음을 깨닫지 못한다. 무엇에 대하여 안다는 사실이 해와 달이 나뭇잎 색깔을 안다는 것만큼이나 피상적인 것일 수 있다. 눈에 보이는 나뭇잎 색은 그저 색일 뿐이다. 해는 낮에만, 달은 밤에만 서로 다른 관점에서 나뭇잎을 봤기 때문에 그럴 수밖에 없었다.

그러나 바람은 달랐다. 바람은 밤과 낮의 시공을 넘나들면서 나뭇잎을 볼 수 있었다. 해와 달의 다툼을 이해할 수 있었고 그들의 다툼에 화해의 실마리를 풀어놓을 수 있었다.

사람 사이에서도 생각의 차이가 둘 사이에 깊은 상처를 남길 때가 있다. 나와 생각이 다르다는 이유로 그를 이해하려 하지 않고 멀리하게 되는 경우가 있다.

얼마 전에 친한 친구와 하찮은 일로 언쟁을 벌인 적이 있었다. 나는 당연히 해야 할 일이라고 생각하는 일이 그 친구는 그럴 필요가 없다는 쪽으로 생각이 나뉘어졌다. 나는 그 친구를 이해할 수 없었으며 화가 나기도 했다. 지금 생각하면 관점의 차이였을 뿐인데 말이다.

해군기지유치를 둘러싼 찬반 의견 때문에 강정마을 주민들이 원수처럼 갈등 속에서 생활하고 있다는 안타까운 사연들을 접했다. 예전에는 크고 작은 허물들을 서로 덮어주면서 법 없이 오순도순 살던 사람들이 이제는 서로 고소하고 고발하는 일로 서로에게 상처를 주고 있다니 얼마나 가슴 아픈 일인가?

4.3의 아픈 상처를 오랫동안 가슴에 묻고 살아오면서도 서로 이런 일은 없었다. 가슴에 쌓인 원망과 고통의 상처들을 쓸어내리면서 용서와 화해의 탑을 쌓아가는 이 시점에서 해군기지 때문에 또 다시 이념전쟁을 방불케 하는 고통을 겪고 있다.

이 고통을 누가 해결해 줄 것인가? 서로에게 남긴 상처는 쉬 사라지지 않을 것이다. 더 깊은 골이 생기기 전에 수습을 해야 할 것이다. 스스로 치유의 방법을 찾아야 할 것이다. 가장 먼저 변화되어야 할 사람들은 강정 주민들이다.

해와 달처럼 서로의 입장만 고집하면 해결책은 안 나온다. 관점을 달리하여 서로의 입장에서 바라볼 수 있는 안목이 필요하다. 바람과 같은 관점에서 그 사안을 바라보고 서로의 입장을 이해하고 수용할 수 있어야 한다.

고통을 치유할 수 있는 방법은 우리 스스로가 바람이 되는 것이다. 바람처럼 시공을 초월할 수 있는 심혜안深慧眼이 필요하다. 보다 넓은 이해심, 남의 말을 되새겨 보는 여유, 상대방의 입장에서 헤아려 보기, 자신의 생각과 인식의 범위에서만 정답이 있는 것이 아님을 깨닫기 등 이런 것들이 우리에게 필요하다.

바람이 어디든지 넘나들며 세상의 온갖 현상들을 체득하고 이해하듯이 우리도 그러해야 할 것이다. 바람은 적어도 인위적이지 않다. 갈 수 있는 곳이면 어디든지 가고 누구든지 만난다.

해와 달처럼 오감五感에서 벗어난 영역에 대해서는 신뢰하지 않는 편견 속에서 벗어나야 한다.

견해의 차이가 서로에게 미움의 대상이 되거나 죄가 될 수 없다. 공동체의 구성원이 모두 같은 생각을 가질 수는 없는 일이다. 한 집에 사는 부부도 서로 다른 견해를 가질 수 있고, 부모 자식 사이에도 생각이 다를 수 있다. 서로 관점이 다르기 때문이다. 그렇다고 상대를 무시하거나 미워할 일은 아니다. 서로 다름을 인정하고 현실적으로 받아들이면 될 일이다. 그러나 그 일이 결코 쉽지 않은 일임을 안다.

우리 모두는 부족함이 많은 인간이기 때문이다.

태풍 나리가 지나간 후

태풍 나리가 제주도를 휩쓸던 2007년 10월 16일, 쏟아지는 빗물이 창고에 밀려와 아침부터 빗속에서 물길을 찾아 물을 흘려 보내느라 애를 먹었다. 잔디마당은 물 속에 잠겼고, 거대한 소나무도 뿌리를 지탱하지 못해 쓰러지고 말았다. 무엇보다도 급한 것은 창고에 물이 찬 것이다. 부랴부랴 물꼬를 틀어 고비는 넘겼지만, 이미 창고의 물건들이 물세례를 받은 후였다.

남쪽 밭에서 넘쳐 들어오는 빗물이 엄청나서 그냥 두면 집도 물에 잠길 것 같아 담을 넘어 하우스 밭으로 갔다. 돌담을 가져다가 물길을 막아 보았지만 소용이 없었다. 물길의 방향이라도 바꾸어 보려고 빗속에서 휘청거리며 큰 돌을 가져다가 놓았더니 조금은 나아졌다. 물길이 길쪽으로 모아지자 힘은 더 세어져서 나까지 함께 떠내려갈 만큼 물의 힘은 대단했다.

그렇게 물과 씨름하다 겨우 젖은 옷을 갈아입었을 때 학교에서 연락이 왔다. 1학년 비상근무조로는 부족하여 전교직원이 비상근무를 해야 할 상황이란다.

급히 학교로 향했다. 자동차의 윈도브러쉬가 쉴 새 없이 움직였지만, 앞이 잘 보이지 않을 정도로 비를 퍼붓고 있었다. 영화 속 장면보다 더한 상황이었다. 자동차의 바퀴가 물 위를 떠가는 듯한 느낌에 차의 핸들을 꽉 잡고 몸은 와들와들 떨면서도 차를 멈출 수가 없었다. 멈추면 차가 어찌 될 것 같았기 때문이다.

차가 학교 정문을 들어서자 '이제 살았다' 는 안도의 한숨이 저절로 나왔다. 북풍의 바람과 함께 쏟아 붓는 빗물은 학교 유리창을 깨고 거침없이 복도를 강타했다. 선생님들과 행정실 직원들이 쓰레받기로 물을 퍼서 양동이와 대야로 담는 일을 쉴 새 없이 했다. 3층 4층을 나누어 맡았지만, 비는 그칠 생각을 않았다. 누가 이기나 해 보자는 심사로 물을 퍼 담다 보니 선생님들은 지쳐 갔다.

그치지 않을 것 같은 태풍의 힘도 서서히 힘을 잃고 비를 거두기 시작했다. 그 시간이 오후 4시경이다. 복도의 물은 어느 정도 해결이 된 듯 싶더니, 이번에는 체육관에 물이 든 것이다. 각 교실에 있는 걸레를 총동원하여 바닥의 물을 짜내고 닦아내니 5시가 조금 넘었다.

다음날 아침, 학교 주변은 말이 아니었다. 바람으로 인해 부러진 나뭇가지들과 여기저기에서 날아온 쓰레기들을 전교생이 나와서 쓸어 모았다. 어느 정도 학교 주변정리가 되었다.

침수피해 가정을 조사하였더니 우리 반 원준이네 집이 완전히 침수되어서 고모네 집에서 잠을 잤다는 이야기를 듣고 오후에 방문을 했다. 온갖 가재도구들이 젖은 채로 모두 마당에 나와 있었고, 방이

나 부엌은 침수의 흔적으로 처참했다.

자연의 힘 앞에 우리는 아무것도 할 수 없었음을 자인한다. 인간의 힘이 아무리 위대하다고 해도 자연의 힘을 거스를 수는 없음을 우리는 알았다. 몇 년 전에 복개천을 만들 때만 해도 그까짓것 정도의 물은 걱정 없을 거라고 자만한 우리에게 자연은 엄한 회초리를 들이댔다.

이제 우리는 깨달아야 한다. 자연을 거스르는 일이 우리에게 얼마나 큰 죄를 짓는 일인지를. 그리고 우리가 얼마나 더 자연 앞에 겸손해져야 되는지를.

설득의 힘

이솝 우화에서 해님과 바람이 서로 힘자랑을 하다가 나그네의 옷을 누가 빨리 벗기나 내기를 한다. 힘이 세다고 자랑하는 바람은 강한 바람으로 나그네의 옷을 벗기려고 했지만, 나그네는 점점 더 옷깃을 동여매었다. 반면 해님은 따사로운 햇빛을 비추어 주었더니 나그네가 옷을 벗었다는 이야기다. 결국 강한 바람보다는 부드러운 햇빛이 이긴 셈이다.

그와 비슷한 이야기는 또 있다. 태풍에는 끄떡없던 나뭇가지가 소복이 쌓인 하얀 눈의 무게에 눌려 가지가 꺾어지는 것을 본 적이 있으리라.

다른 예를 더 들지 않더라도 어떤 것을 변화시키는 데는 강하고 순간적인 것보다는 부드럽고 지속적인 것이 오히려 더 큰 영향력을 발휘할 때가 있다는 뜻이다.

사람들은 흔히 무슨 일을 할 때 강하게 밀어붙여야 관철될 수 있다고 생각한다. 그 방법으로 권력을 이용하기도 하고, 물리적인 폭력을 쓰기도 한다. 때로는 날카로운 말의 힘을 빌리기도 한다. 특히 권력을 이용하면 무엇이든 바꿀 수 있다고 생각하는 정치인들 때문에 많은 국민들이 상처를 받기도 한다.

대통령의 말 한 마디에 교육정책이 좌지우지하고 있다. 영어교육 강화에 대한 언급으로 전국은 또 한 번 영어교육의 광풍에 휩싸이고 있다. 학교 자율화라는 명목으로 영교시 수업, 야간 자율학습 등을 일선 교육청으로 떠넘기고 있으니, 교육청 차원에서 어떤 결정을 할지 모르지만 학생들은 더 학교에 머무는 시간이 많아질 것임에 틀림이 없다.

폭력배들을 동원하여 선거에 악이용하는 사례, 부채를 갚지 않는다고 폭력을 행사하는 사례, 심지어 정치인들도 자신들이 속해 있는 당의 이익을 위해서 국회가 폭력의 장으로 얼룩지고, 노동자들이 주장을 관철시키기 위해서 집단시위하는 것을 보면 아직도 우리나라는 대화와 타협에는 미숙한 것같다.

부드러움을 잃고 강하게 접근하면 오히려 상대로 하여금 반박하는 마음을 불러 일으킬 소지가 있다. 가정에서의 변화, 직장에서의 변화는 강력하게 밀고 나간다고 해서 잘 되는 것은 아니다. 특히 상대의 마음을 움직이는 데는 강함보다는 진정어린 설득이 더 효과적이다. 때로 강하게 소리쳐야 할 때도 있지만 상대의 마음을 움직이는 것은 강한 소리가 아니라 논리에 맞게 부드럽게 이야기를 풀어나가는 것이 더욱 효과적이다.

필자가 존경하는 교장선생님은 어떤 상황에서도 부드럽게 당신의 의사를 표현한다. 당신의 뜻과 맞지 않음을 표현할 때도 온화한 표정으로 듣는 이의 기분이 상하지 않도록 부드럽게 설득하신다. 지시나 명령의 뜻이 담긴 말도 권위적인 어조도 아닌 부드러운 표현을 쓰기 때문에 저항 없이 수용할 수밖에 없다.

모 국회의원 후보가 부드러운 어조로 국민들을 설득하는 장면은 퍽이나 인상적이었다. 모두가 목에 핏대를 세우며 소리칠 때 그 사람은 부드럽고 진정어린 어조로 유권자들을 만났다. 마음을 움직이는 것은 권력이나, 폭력이 아니라 언 마음을 녹이는 훈풍 같은 말 한 마디요, 사랑이 담긴 부드러운 눈길일 수도 있다.

부드러운 말 속에는 무한한 힘이 숨어 있는 것같다. 부드러운 말은 인간관계에서 단단히 채워져 있는 마음의 문을 열게 한다. 부부 사이의 부드러운 말 한 마디가 하룻밤의 역사를 다시 쓸 수 있게 하고 그로 인해 사랑이 깊어질 수 있는 계기가 되기도 한다.

부드러운 말씨로 상대를 설득하는 사람에게는 더 호감이 간다. 나는 그런 사람을 좋아하고 그래서 그런 사람이 되려고 노력하지만, 부드러운 방법으로 인간관계를 풀어나가는 처신은 잘 못한다. 특히 직무와 관련해서는 사무적이고 직선적인 경향이 있다.

그렇게 하면 상대에게 말하고자 하는 요점을 쉽게 전달할 수 있는 장점이 있어서 좋을 때도 있지만, 자칫하면 상대에게 상처를 줄 수도 있어서 바람직한 방법은 아니라는 생각이 든다. 천성이 꾸밈이 없고 솔직한 편이라서 그렇기도 하지만, 대화의 기법이 아직도 성숙하지 못하기 때문이기도 하다. 앞으로 더 노력해야 할 일이다.

내 인생의 책 한 권

_ 신영복 저《감옥으로부터의 사색》

글을 읽으면서 순간순간 깨달음과 감동을 얻을 수 있다면 얼마나 좋은가. 지금 소개하는 책이 바로 그런 책 중의 하나라고 생각한다. 그 책이 다름 아닌《감옥으로부터의 사색》이라는 책이다.

이 책은 신영복님이 1968년부터 1988년까지 20년이라는 긴 옥중생활을 하면서 가족들에게 보낸 편지글들을 모아 책으로 펴낸 것이다. 서간문 형식으로 쓰여진 것이어서 누구나가 읽어도 부담스럽지 않다. 책을 읽으면서 줄곧 느낀 것은 글쓴이의 한결같은 '중용의 감정'과 자기 성찰에 대한 존경심이었다. 글쓴이는 자신의 이야기를 보편성을 띤 객관적 감정들로 승화시켜 진솔하게 드러내 놓고 있다. 삶에 있어서 어디에서 무엇을 하면서 사는 것도 중요한 것이겠지만, 무슨 생각을 하면서 사느냐도 중요한 것이다.

한 성숙한 인간이 써 내려간 감옥에서의 사색을 읽으면서 자신의 내면을 두드리는 작은 소리들을 수 없이 들었다. 현재의 삶을 느끼며 관조하는 여유, 자신이 하는 일에 대한 심오한 통찰력, 관계를 맺고 있는 사람들과의 의사진실을 주고 받는 법을 깨달았다.

깨어 있는 삶을 사는 사람의 모습은 우리를 감동시킨다. 교도소에서의 생활이 그 곳에서 사는 사람들을 감정적이고 불안하며 충동적이고 단편적이며, 비논리적인 편향을 띠게 한다고 글쓴이는 말하면서도, 자신은 그런 감정에서 해방되고자 끊임없이 사색하고 이성을 계발啓發하는 데 게을리 하지 않는다.

감옥 안에서 자신을 엄정한 사색으로 다듬어가고자 하는 글쓴이의 의지가 곳곳에 숨어 있다. 편지글이라고 하지만 결코 가볍지 않은 그의 글들을 읽으면서, 어떠한 상황에서도 자신을 꿋꿋하게 치켜세우고 다듬어가는 그의 깊은 자기 성찰과 자기애를 보게 된다.

인생이라는 그릇은 어차피 개인 사유의 산물로 채워질 수밖에 없기에 이 책이 우리의 삶을 돌이켜 보게 하는 또 하나의 거울이 될 것이다.

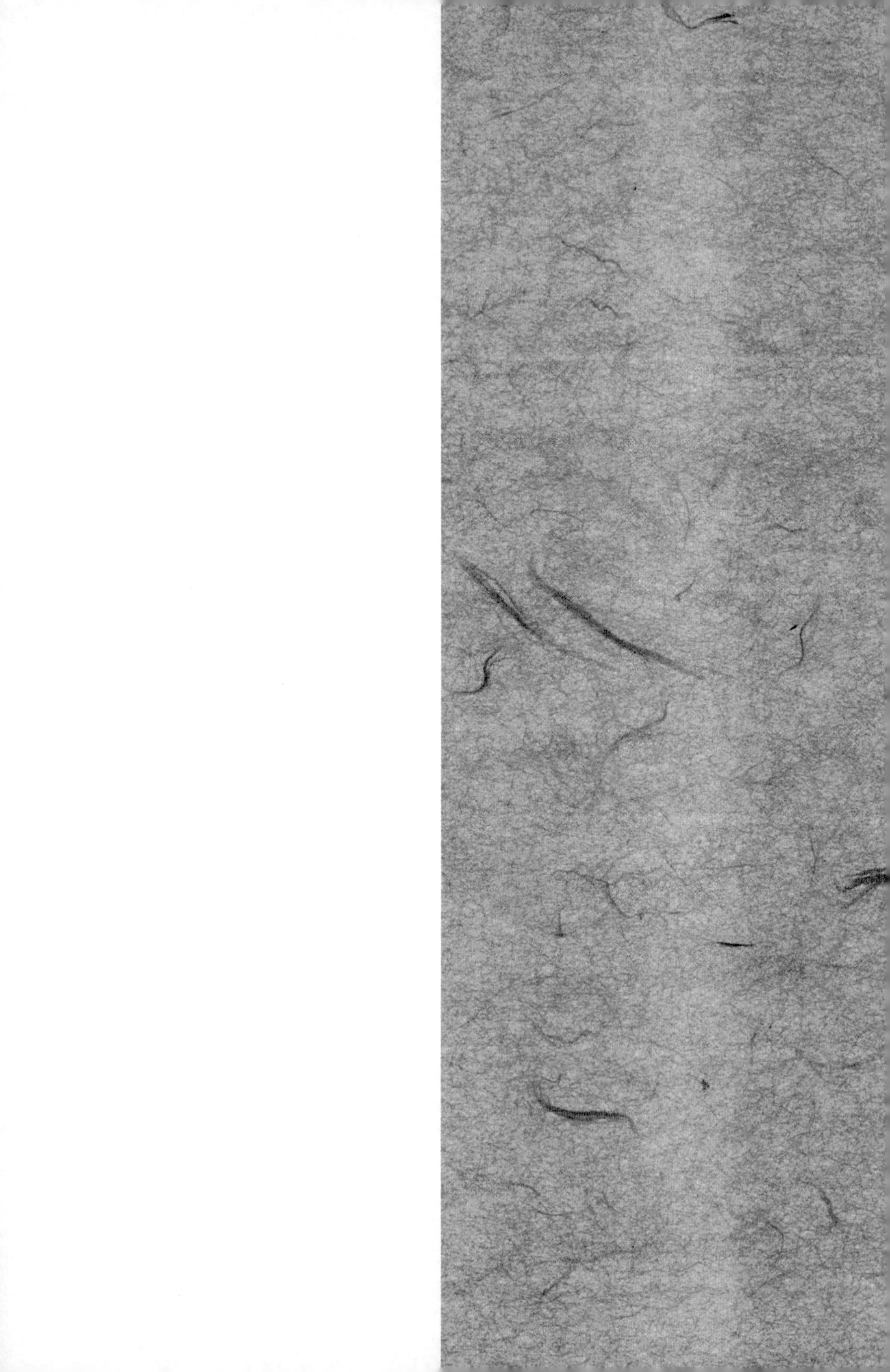

2부 _ 씹는 맛, 사는 맛

추자와 제주를 오가며

올해 들어 배를 타는 기회가 많아졌다. 기회가 많아졌다고 하기보다 배타는 일이 생활의 일부분이 되어 버렸다고 할 수 있다. 올해 삼월부터 추자도에 있는 한 초등학교 분교에서 근무를 하게 됨에 따라 적어도 두 주에 한 번씩은 직장이 있는 추자와 가족이 있는 제주 사이를 배로 오가다 보니 지금은 그 일이 일상처럼 느껴지는 게 사실이다.

배를 타는 일을 떠올리면 젊은 날의 추억이나 낭만, 여행의 자유 등을 떠올리는 사람이 많을 것이다. 더구나 뱃길을 이용하여 여행을 떠나 본 사람이라면 누구라도 한 번쯤은 그런 생각을 하게 된다.

중학교 때 경주로 수학여행을 가게 되자 며칠 전부터 배를 탈 생각을 하면서 가슴이 설레었고, 그때 난생 처음 배를 타고 바다를 달리던 일은 지금도 나를 흥분하게 한다.

그 후로도 몇 년 동안은 도외로 나들이를 갈 때 비행기보다 배를 더 자주 이용했다. 내가 비행기보다 배를 더 많이 이용한 데에는 나름대로 이유가 있다. 그중 한 가지 이유는 배는 비행기보다 여행경비를 절약할 수 있다는 장점 때문이었고, 더 큰 이유는 배가 비행기보다는 훨씬 낭만적이고, 나를 편하게 하고, 떠나는 설렘과 자유스러움을 느끼게 하기 때문이었다. 다시 말하면 적어도 나에게는 배를 타고 바다를 달리는 일이 여행의 참맛을 느끼게 해 주었기 때문이다.

청바지에 운동화 차림으로 배낭 하나 둘러메면 그만이었던 지난 시절. 검푸른 바다 위를 달리는 배 위에 서면 쌉싸름한 바닷바람이 가슴 속까지 차올랐고, 그 시원한 공기가 온몸을 돌아 밖으로 나올 때는 내 가슴 속의 찌꺼기까지 함께 뱉어내게 했었다. 끊임없이 출렁이는 파도는 나의 잠자는 의식을 깨우며 살아있으면 쉼 없이 움직여야 한다는 가르침을 주었다. 그리고 뱃전에 서서 그 넓은 바다와 작은 섬들을 만나면 바다만큼 넓은 마음을 가진 남자, 바다만큼 속이 깊은 남자를 만났으면 좋겠다는 생각을 했다. 그만큼 바다는 나에게 추억이 있고, 낭만이 있으며, 꿈과 자유로움을 느끼게 해 주었던 게 사실이다.

나의 이십대는 그렇게 지나고, 이제 세월이 흘러 40을 넘긴 나이가 되었다.

내가 요즘 배를 타고 추자와 제주를 오가는 일은 이십대처럼 여행의 자유로움과 낭만적인 멋을 느끼게 해 주지는 못하지만 지난 시절의 추억과 함께 또 다른 의미를 느끼게 해 준다. 그것은 배를 타고 오가는 시간이 나에게는 내 안의 나를 찾는 시간이고 바다는 나와 대화하는 친구가 되는 시간이기 때문이다.

행복은 내 안에 있고 불행은 밖에 있어서 우리는 행복을 잘 찾아내지 못한다는 말을 누군가로부터 들은 일이 생각난다.

누구에게나 삶은 다 비슷하리라. 늘 행복하기만한 사람도 없을 것이요, 늘 불행하기만한 사람도 없을 것이다. 살다 보면 행복하다고 느낄 때도 있고, 자신처럼 불행한 사람도 없다고 생각하며 삶을 원망스러워 하거나 다른 사람을 탓할 때가 많다.

이렇게 우리는 내 안의 것들보다도 밖의 것들에게 더 신경을 쓰면서 마음을 허비하며 살아가고 있는 경우가 많다. 나도 그런 사람 중의 하나다. 내가 나 자신을 바로 보기도 전에 남이 나를 어떻게 보는지에 신경을 쓸 때가 많기 때문이다. 남의 말 한 마디에 우쭐해지기도 하고, 만족의 웃음을 웃다가도 또 다른 말을 들으면 의기소침해지기도 하고, 아리는 가슴을 달래며 울기도 한다. 그러면서 나 아닌 나를 둘러싼 다른 것들을 원망하기도 한다.

나에게로 향하는 시간보다는 다른 사람과 사물에게 향하는 시간이 더 많다 보니 자연히 마음 속의 것을 찾아내기보다 밖의 것에 더 신경을 쓰게 된다.

우리 주변에는 자신과의 대화를 나눌 수 있는 공간이 부지기수로 많다. 하지만 자신을 사랑하면서 자신과의 참 대화를 하기는 어렵다. 밖에 나가면 누군가를 만나야 하고, 무엇을 사야 하고, 집에서는 텔레비전이나 온갖 매스컴이 나를 가만히 두지 않는다. 자신과의 대화로 내 안의 나를 찾는 일은 나를 사랑하는 일이다. 그러기에 사람마다 자신과의 대화를 나누는 곳은 나름대로 다 있을 것이다. 조용한 방이 될 수도 있고, 공원이나 산책하는 길이 될 수도 있다. 나에게는 이런 공간이 바로 배요 바다이다.

내가 배를 타고 추자와 제주를 오가는 일은 그동안 내가 소홀히 했던 내 자신과의 대화를 하는 소중한 시간과 공간을 제공해 준다. 나에게로 향하여, 나를 생각하는 시간이 바로 배를 타고 오가는 시간이다.

배를 타고 한참을 가다 보면 자신을 에워싸고 있는 삶의 껍데기들을 들여다보게 된다. 체면을 위해 형식을 고집했던 일, 특별함을 내세우기 위한 아집도 그것이요, 자신의 자존심을 빙자한 오만함도 그것이다. 교사의 권위를 내세워 아이들을 하나의 틀 안에 몰아넣었던 일도 버려야 할 껍데기들이다.

우리 반 아이들은 무조건 내 말을 잘 들어야 한다는 생각들도 버려야 할 것임에 틀림이 없다. 무엇이든 나의 뜻대로 안 되면 그들을 무능한 아이들로 간주해 버리는 이기심. 그것들을 하나씩 바다에 버리면서 나는 내 속에 있는 자신을 찾아 여행을 떠난다. 즉 내 안의 또 다른 나와 대화를 하면서 바다를 만난다.

내 자신이 보잘것없음을 깨닫는 데에는 시간이 얼마 걸리지 않았다. 그리고 그런 나를 인정해 주고, 위해 주고, 사랑해 주는 주변 사람들에게 나는 아무것도 해 주는 것이 없음을 아는 순간 그들에 대한 고마움과 감사함이 내 가슴에 물든다. 내가 그 사람들을 위해서 할 수 있는 일은 내가 받은 사랑과 감사를 다시 돌려주는 일임을 알게 되었을 때는 배는 제주와 추자 사이의 바다 한가운데를 유유히 달린다.

배를 탈 때부터 평온한 마음으로 타는 것은 아니다.

어떤 때는 가슴 저미는 그리움을 안고 배를 탄다. 길게는 두 주 동안이요 짧게는 한 주 동안 가족과 떨어져 지내는 이유가 아니더라도 그리움은 있게 마련이다. 그 그리움의 대상은 아들, 딸을 뒷바라지하는 남편이 되기도 하고, 그런 사위에게 미안해 하는 친정부모님이 되기도 한다.

이제야 턱수염이 쭈뼛쭈뼛 나고 키가 아빠보다 훌쩍 커 버린 고등학생 아들과, 곱게 빗은 단발머리에 단정한 교복을 입은 엄마 아빠를 골고루 닮았다는 중학생 딸이 보고 싶을 때도 있다. 어떤 날은 오랫동안 만나지 못했던 친구들의 얼굴과 지난 해 같이 근무했던 선생님들의 얼굴이 겹쳐 지나가기도 한다. 어떻게 지낼까? 그들에 대한 그리움을 전화로, 메일로 삭혀 보지만 결국 만나서 수다 떨고 함께 함만 못하기에 보고 싶은 것은 어쩔 수 없나 보다.

어떤 때는 서글픔을 안고 배를 타기도 한다. 짧은 이별을 일상으로 받아들여야 하는 것도 나를 서글프게 하는 것이요, 남편과 아들, 딸을 두고 떠나는 아내의 속절없는 마음을 감추어야 하는 것도 나를 서글프게 한다. 떨어져 있음은 함께 있음만 못한 것임을 알면서도 헤어짐의 섭섭함을 속으로 삼키며 웃어주는 식구들에게 미안함을 감추고 떠나와야 하는 것도 나를 서글프게 한다.

바람이 부는 날은 배가 흔들리고 파도가 더 출렁이듯이 나의 상념들도 여지없이 흔들리고 출렁인다. 돌아올 때 날씨가 좋지 않아서 폭풍주의보가 내리면 어쩌나. 만약 그러면 우리 반 아이들 여덟 명은 내가 없을 때 잘 지낼 수 있을까? 그런 저런 생각들이 가슴 속에서 뒤엉킨 채 출렁거린다.

나는 이렇게 배를 탈 때마다 생활의 편린들을 덕지덕지 감싸 안고 타지만, 배를 타고 한참을 달리다 보면 그것들은 부서지는 파도와 함께 깊은 바다 속으로 녹아 들어가고, 그 대신 내 마음 속에서는 삶의 껍데기를 벗어 버린 또 하나의 내가 천천히 깨어난다.

내가 느끼는 그리움이나 서글픔, 일상에 대한 상념들도 모두 내 안의 것이 아니라, 나의 밖의 것들임을 느끼게 된다. 그것들을 나는 심연의 바다에 버리는 대신에, 그곳에서 다시 빈 몸뚱이의 새로운 나의 모습에 희망과 꿈이라는 옷을 입힌다.

제주와 추자 사이를 오가면서 나는 삶에 젖은 수많은 상념들을 한 보따리 안고 배를 타서 바다 한가운데에 버리고 다시 한 보따리의 새로운 꿈과 희망의 조각들을 차곡차곡 주워 담는다.

올해가 가기 전에 배를 타고 가까운 곳에라도 가 봄이 어떤가? 꼭 자유와 낭만을 추구하지 않더라도 좋다. 그동안 버리지 못하고 가슴 속에 쌓아두었던 삶의 군더더기들을 이참에 깊은 바다에 모두 버리면 어떨까? 그래서 다시 돌아오는 배에서는 새로운 기대와 희망을 가슴 속에 가득 안고 돌아온다면 더 없이 좋지 않을까.

모 신문에서 읽은 "밖을 보면 우리가 꿈을 꾸게 되지만, 안을 보면 깨어나게 되리라"는 글귀가 내 안을 감돈다.

(2001)

향기로 다가오는 추억

2월의 찬 바람이 소녀의 이마를 때려도 추운 줄 모르고 달렸다. 겨우내 얼었던 땅도 싹을 틔울 채비로 분주하지만 아직 대지를 뚫고 나온 초록의 싹은 보이지 않았다. 담장 옆 개나리는 앙상한 가지에서 노란색 희망을 준비하고 있었다. 얼마 없으면 개나리, 민들레 등 제철 만난 꽃들이 세상에 나와 뽐내겠지만, 아직 2월의 시골 동네에서 꽃을 찾기란 쉬운 일이 아니었다. 어떤 집 울타리에 핀 동백꽃송이가 유난히 소녀의 눈길을 끌었다.

'저 꽃이 더 예쁜데 왜 선생님께서는 수선화를 꺾어오라고 하셨을까?'

그 생각도 잠시뿐 소녀는 수선화를 찾아 학교에서 삼십여 분 거리에 있는 배두리(필자가 살던 마을 아랫동네의 옛 지명)를 향해 달렸다. 그 곳에서 수선화를 본 적이 있었기 때문이다. 마을 어귀에 다다르자 골목길 돌담 옆에 피어 있는 수선화 무더기를 발견할 수 있었다. 지난 밤 세찬 바람이 스쳤는지 잎은 이리저리 쓰러져 있어도 아직 꽃대만은 요조숙녀처럼 얌전히 서 있었다.

소녀는 반가운 마음에 쪼그리고 앉아 수선화를 바라보았다. 꽃의 모양새가 아름답다는 생각도 하기 전에 그윽한 향기가 먼저 소녀를 감쌌다. 추운 겨울 동안에도 꽃을 피워내기 위해 조용히 싹을 키워온 수선화가 비로소 소녀에게 소중한 꽃으로 다가오는 순간이다.

지금까지 어떤 꽃도 이처럼 소중하게 생각해 본 적이 없었다. 왁자지껄 노랗게 핀 개나리도, 도도하게 보이는 장미꽃도 소녀에게는 건널목에서 스치는 인파 중의 한 사람처럼 그저 그런 꽃이었을 뿐이다.

소녀는 하얀 수선화 꽃대를 조심조심 꺾었다. 줄기가 너무 약하다는 생각이 들었다. 소녀는 꽃이 상하지 않도록 사알~살 다루면서 수선화 다발을 안고 학교로 달려갔다. 이 꽃이 내일 졸업하는 언니 오빠들을 위한 꽃이라는 사실이 소녀를 행복하게 했고 그로 인해 소녀의 발걸음은 가볍고 신이 났다. 소녀가 선생님께 꽃을 내밀었을 때 선생님은 수고했다며 머리를 쓰다듬어 주셨고, 소녀의 이마에는 땀방울이 맺혔지만 얼굴 가득 미소가 번졌다.

이튿날 졸업생들의 가슴 가슴에는 수선화가 피었고 졸업식장은 그윽한 수선화 향기로 가득 찼다. 5학년 소녀는 '빛나는 졸업장을 받은 언니께 꽃다발을 한 아름 선사합니다~' 노래를 부르는 동안 내내 행복하고 뿌듯했다.

그 후 중학교 영어선생님께서 나르시서스라는 아름다운 청년이 샘물에 비친 자신의 모습에 반해 사랑에 빠지게 되었는데, 그 대상을 잡으려 하다가 결국 물에 빠져 죽었고 그 자리에 수선화가 피어났다는 이야기를 해 주셨다. 그 이야기를 듣고 소녀는 초등학교 때의 아름다운 추억이 다시 떠올라 수선화를 더 좋아하게 되었다.

내가 초등학교를 다닐 당시에는 요즘처럼 꽃이 흔하지 않은 때다. 선생님께서는 졸업생들에게 달아줄 꽃이 필요하다면서 수선화 꽃을 꺾어오라고 하셨고 나는 학교에서 한참 떨어진 동네에까지 가서 수선화 꽃을 꺾어다 선생님께 드렸던 것이다.

그 소녀가 지금은 50이 넘은 중년이 되었다. 어떤 아름다운 꽃을 보아도 무덤덤해지는 나이가 되었지만, 유독 수선화를 보면 설레고 반가운 마음이 든다.

수선화의 진정한 가치는 꽃모양의 아름다움보다 달콤하고 매혹적인 향기에 있다. 수선화의 향기를 맡고 있으면 누군가를 사랑하고 싶어진다. 수선화의 향기를 맡아본 사람은 향기에 취한다는 말을 이해할 수 있을 것이다. 수선화로 향유를 만드는 것도 그만큼 향이 진하고 좋기 때문이다. 꽃은 모양에 앞서 향기가 우선이다.

난을 예로 들어 보더라도 화려하고 아름다운 양란보다는 그윽한 향기를 품은 한란이 더 가치를 인정받는다.

그 옛날 선생님께서 동백꽃이 아닌 수선화를 꺾어오게 한 이유를 알 것같다. 수선화의 향기는 동백꽃의 아름다움과 비길 바가 못 되었기 때문이 아닌가 하는 생각이 든다. 사람에게 있어서도 마찬가지다. 외모가 아름다운 사람보다는 성품이 아름다운 사람이 더 인정을 받는다. 수선화의 그윽한 향기처럼 고귀한 성품을 가진 사람에게는 따뜻하고 온화한 향기가 난다. 그 사람 곁에 있으면 편안해지고 함께 오래 있고 싶어진다.

어느 날은 성당에서 레지오 주회에 쓸 꽃으로 수선화를 사다 양동이에 담가 놓은 것을 보고 반가운 마음에 달려가 냄새를 맡으면서 옆에 있는 형제님께

“이 냄새 좀 맡아 보세요, 너무 좋지 않나요?” 했더니

“자매님 향기만큼은 못한데요~?”

라는 차원 높은 대답으로 나를 기쁘게 했던 기억도 잊을 수 없다.

요즘 수선화는 종류도 다양해져서 색깔이 여러 가지이다. 설 연휴 끝에 평소 화초를 잘 가꾸시는 아는 분께서 내가 수선화를 좋아한다는 말을 듣고, 노란색 꽃이 피는 신종 수선화라며 뿌리를 몇 개 캐어서 주셨다. 품종이 달라서인지 아직 꽃대도 나오지 않은 수선화였지만 활짝 핀 꽃다발을 받은 것마냥 기뻤다.

집에 오자마자 화단 한 쪽에 터를 잡고 심어 놓고 그윽한 향기와 함께할 노란색 수선화가 필 날을 기다리고 있다. 그날이 오면 나는 다시 초등학교 5학년 때의 추억 속으로 빠져들 것이다.

씹는 맛, 사는 맛

양념게장을 아작아작 씹어서 맛나게 먹는 필자에게 어느 선배 선생님께서

"선생님은 아직도 사는 맛이 있겠네."

라고 하신다. 당신은 이가 안 좋아서 게장을 그렇게 씹어본 지가 오래 되었고, 치과에서 임플란트를 했지만 본래 치아가 아니라서 그런지 음식의 참맛을 느낄 수 없다고 하셨다. 선배 선생님에 비하면 아직 내 치아가 게 다리를 씹을 수 있을 정도가 됨에 감사하면서 사는 맛과 씹는 맛의 의미를 생각해 보았다.

선생님 말씀은 음식은 잘 씹어서 먹을 때 그 맛을 제대로 느낄 수 있다는 뜻인 것같다. 결국 사는 맛 중에 하나가 먹는 맛이며, 건강한 이로 음식을 잘 먹을 수 있을 때가 좋을 때라는 말로 여겨진다. 나이 들어 치아가 약해지고 식욕이 떨어지면 먹는 즐거움도 줄어드는 셈이니, 치아 건강을 오복五福 중의 하나로 꼽는 이유를 알겠다. 심지어

물도 씹어 먹어야 제 맛이 난다는 말이 있는 것으로 봐서 사는 맛은 씹는 맛, 즉 먹는 맛과 관계가 있다고 해도 틀린 말은 아니다.

미식가가 아니더라도 맛난 음식을 먹을 때는 행복감을 느끼게 된다. 요즘 사람들이 일부러 맛집을 찾아 먼 길까지 가는 이유도 다 먹는 즐거움 때문이다. 그렇다고 사는 맛을 먹는 즐거움에서만 찾는다면 동물과 다름없지 않겠는가.

세상 살아가는 맛을 제대로 느끼면서 행복하게 사는 것이 우리네 삶의 목표이다. 행복의 기준이나 잣대는 서로 다르기에 각자의 잣대로 행복을 느끼면서 살면 그 또한 복된 삶이다. 같은 음식도 맛나게 먹는 사람과 그렇지 못한 사람이 있듯이 같은 상황도 어떻게 받아들이느냐에 따라서 행 · 불행이 달라진다.

'피할 수 없다면 즐기라' 는 말이 있다. 이왕 차려진 음식 맛있게 먹는 게 낫듯이 우리에게 주어지는 삶도 쓴맛이나 단맛도 즐기면서 받아먹는 게 낫다.

음식 맛도 입맛이 살아 있을 때라야 제대로 느낄 수 있듯이 사는 맛도 삶에 대한 순수하고 맑은 감성이 살아 숨 쉴 때 제대로 느낄 수 있다. 사는 맛을 제대로 음미하려면 세상을 제대로 바라볼 수 있는 거울과 같은 맑은 영혼을 지녀야 하고, 삶을 진지하게 받아들일 수 있는 스펀지와 같은 감수성이 필요하다. 아무리 아름다운 것도 탁한 거울로 보면 그 아름다움을 못 느끼고, 인생의 어떤 맛도 딱딱하게 굳어지고 무디어진 감성으로는 제맛을 느낄 수 없기 때문이다. 풍부한 감성이 삶을 더 윤택하게 하는 이유가 여기에 있다.

인간관계에서의 사는 맛도 먹는 맛만큼 중요하다. 만나고 헤어지는 많은 사람들로부터 감사와 사랑을 느끼면 삶이 행복해지고, 그 반대로 상처받고 미워하면 사는 게 힘겹고 가슴은 점점 메말라 간다. 상대에 대한 미움마저도 연민으로 승화시켜 용서할 수 있을 만큼의 큰 사랑을 품고, 자신만큼 타인의 삶도 섬세하고 조심스러운 눈으로 진지하게 쓰다듬을 때 삶은 빛나고 사는 맛은 깊어진다.

그런 면에서 나의 감성은 아직도 미성숙하고 둔하다. 자연의 품안에서는 어린시절의 동심이 되살아나 나의 감수성이 춤을 추는데, 클래식 음악의 선율에는 쉽게 동요되지 못하며, 나에게 상처를 준 사람을 오래오래 내 기억창고에 보관하는 어리석음이 아직도 있다. 그 까닭은 음악이라는 음식을 자주 먹어 보지 못한 탓이며, 자신만큼 타인을 이해하고 사랑하지 못하는 옹졸함이 있어서이다.

그렇다고 사는 게 무미건조한 것만은 아니다. 때로는 통통 튀는 탱탱볼처럼 사는 게 생기 넘치며 즐겁고 신이 날 때도 있으니 그 맛에 산다. 일할 수 있는 건강함, 마음만 먹으면 몰두할 수 있는 열정, 사랑하는 가족들과 친구, 가끔은 휴식을 즐길 수 있는 여유와 재충전의 시간들이 있으니 이 또한 얼마나 감사한 일인지 모른다.

하지만 세상 사는 맛이 늘 달콤하고 부드럽고 향기로울 수만은 없지 않는가? 인생 식탁은 크림처럼 달콤하고 부드러울 때도 있지만, 때로는 고난과 좌절로 뭉쳐진 쓰디쓴 맛일 때도 있다. 가슴 아리게 슬프고 척박한 짠맛, 온몸을 불살라도 분이 삭히지 않을 만큼의 뜨겁고 매운 맛, 더럽고 치사하여 구역질나는 시궁창냄새와 같은 맛일 때도 있었다. 나의 의지와 희망과는 상관없는 메뉴들이 차려졌다. 어떤 때는 너무나 쓰고 고통스러워 뱉어 버리고 싶은 때도 있었다.

그러나 인생의 메뉴는 주문한 대로 나오지 않으며, 달면 삼키고 쓰면 뱉어낼 수 있는 것이 아님을 알기에 이왕이면 쓴맛도 맛있게 먹자고 생각을 바꾸었다. 그래서 그것들을 달게 받아 먹었다. 그랬더니 쓴 약이 몸에 좋듯이 고통의 삶도 인생의 양분으로 보답했다. 언제부터인가 작은 일에도 감사하게 되고 순간순간의 삶을 보다 진지하게 바라보게 되었으니 그것이 지난 삶이 나에게 준 값진 선물이다. 과거 속에 존재하는 순간들이 현재의 삶을 지탱해 주는 든든한 버팀목임을 지금에 와서야 느끼고 있다. 그래서 현재에서 만나는 삶의 조각들이 더 소중하게 여겨진다.

현재는 미래를 위해 존재한다고 믿는 사람들에게 현재의 삶의 의미는 항상 미래에 머물러 있게 마련이다. 그러나 '지금－여기' 에서 만나는 삶에 충실하는 것이 사는 맛을 느끼며 사는 삶이다. 나는 가끔 지금 이 순간 무엇을 하고 있고 무슨 생각을 하며 어떤 기분을 느끼고 있는지를 확인한다. 점점 무디어져 가는 감성들을 흔들어 깨우며 나름대로 사는 맛을 느껴 보려는 처방전이다.

"here and now."

내가 좋아하는 말이다. '지금 여기' 에 내 온전한 정신을 집중하자는 것이다. 나 자신에게 최면을 걸면서 늘 하는 말은 '지금 여기에서 함께하는 사람과 진정으로 소통하고 느끼라. 지금 이 순간 일어나는 상황에 충분히 반응하라. 행복한 순간은 행복한 순간대로 달콤하게 느끼고, 불행의 쓴맛이 오면 피하지 말고 달게 받아 씹어서 삼켜야 한다. 인생의 쓴맛도 사는 맛의 일종임을 간과해서는 안 된다' 이다.

그래서 매 순간 순간을 충분히 즐기면서 살려고 노력한다. 먹을 때는 먹는 즐거움에 빠지고 일할 때는 시간가는 줄 모르게 일에 빠지고, 놀 때는 노는 즐거움을 만끽하려 노력한다. 슬프고 힘든 일이 찾아오면 그 일에 의미를 부여하며 기꺼이 받아들인다.

사는 맛이 달고 부드러울 수만은 없다. 인생의 쓴맛을 느껴 보지 못한 사람은 그 맛이 어떤지 모른다. 한평생 사는 인생이 늘 부드럽고 달콤한 음식 맛과 같다면 그것도 좋아할 일만은 아니다. 부드럽고 달콤한 음식이 우리 몸에 다 좋은 것은 아닌 것처럼 음식을 골고루 먹어야 하듯이 인생도 이런 맛 저런 맛을 다 느껴봐야 참다운 인생의 맛이 어떤 맛인지 알 수 있다. 실패의 쓴맛이나 좌절해 보지 않은 사람은 그 맛의 깊이를 모른다. 먹어본 사람이 맛을 안다고 하지 않는가. 삶도 마찬가지다. 제대로 느끼면서 살아봐야 삶의 맛을 안다.

오늘 하루의 삶의 맛은 아삭아삭하고 새콤달콤한 풋사과 맛과 매운 청량고추 맛이었다. 그 맛도 사는 맛의 일종이기에 매워도 아작아작 씹어 삼켰다. 사는 맛은 씹는 맛이 아니던가?

삶의 우선순위

얼마 전에 '버킷 리스트' 라는 영화를 보았다. 카터(모건 프리먼)와 에드워드(잭 니콜슨)는 한 종합병원 암병동의 병실에서 처음 만나 죽기 전에 하고 싶은 일들을 리스트로 작성하고 하나하나 이루어 간다는 내용이다.

시한부 생을 선고 받으면 누구나 죽기 전에 하고 싶은 일들을 떠올리며 우선순위에 있는 일부터 하고 싶어 할 것이다. 우리의 삶도 결국 시한부이다. 그러나 그것을 잊고 살 뿐이다. 나에게도 남은 생 동안 하고 싶은 일들이 많다.

나의 삶에서 우선순위는 무엇인가? 이 물음은 내가 어떤 사람으로 사는 것이 진정 잘 사는 삶인지에 대한 물음과 일맥상통한다. 삶에서 우선순위를 어디에다 두느냐에 따라 삶의 방향이나 방식이 결정지어지기 때문이다. 우선순위를 돈을 많이 버는 데 둔다면, 평생 돈에 웃고, 돈에 울다가 생을 마감할 것이다.

돈에 의한 행복지수는 빈 껍데기처럼 허망한 것이기에 돈을 우선순위 목록에서 지우기로 했다.

첫째는 매사에 감사하는 삶을 사는 것이다. 감사함으로 충만한 삶이야말로 나를 위로하고 남을 탓하지 않게 하는 장치가 된다. 가족이 화목하고 건강한 것, 나의 일을 가진 것, 부모님이 건강하신 것 등 감사할 일은 수없이 많다. 설령 남이 나를 섭섭하게 하는 일이 있어도 덕분에 나를 돌아보게 하는 계기로 삼을 수 있음에 감사하기로 했다.

두 번째 순위는 나의 일을 사랑하는 것이다. 나는 나의 직업을 사랑한다. 교사라는 직업은 나에게 하늘이 주신 천직이라고 생각하고 있다. 고등학교 때 돈을 많이 벌 수 있다는 생각에서 약사를 꿈꾼 적이 있었다. 그때 약대를 가지 않고 교대를 간 게 얼마나 다행인지 모른다. 때 묻지 않은 아이들과 생활해 온 순간들을 떠올리면 지금도 행복하다. 나는 지금까지도 교직이라는 나의 일을 사랑했지만, 앞으로도 열과 성을 다하여 교육자로서 부끄러움이 없는 삶을 살고 싶다.

세 번째는 남을 위해 봉사하는 것이다. 봉사라는 것은 시간 남는 사람들이 하는 일이라고 생각한 때가 있었다. 직장생활에다 사회생활, 일가친척들의 집안행사를 돌아보다 보면 봉사할 시간을 갖기란 그리 쉬운 일이 아니었다. 우연한 기회에 작은 봉사를 하게 되면서 봉사의 참맛을 느끼게 되었다. 시간을 쪼개어 봉사를 하는 것이 나를 이렇게 뿌듯하게 할 줄은 몰랐다. 봉사는 시간을 나누어야 할 수 있는 일이기에 목록에 써놓고 지키려고 하지 않으면 실천하기가 힘들다. 태안 바다에서 수많은 사람들이 기름을 닦아내던 장면을 생각하면 지금도 가슴이 찡하다. 얼마나 아름답고 숭고한 장면인가? 앞으로 남은 생동안 남을 위해서 작은 힘이라도 나누는 삶을 살고 싶은 것이 나의 소망이다.

2006년 6월 한국의 주요 일간지에는 세계적인 갑부이자 마이크로소프트(MS)사의 회장인 빌게이츠가 2008년 7월에 은퇴 후 자선사업에 전념하겠다는 내용의 기사를 다루었다. 그는 아내와 함께 세운 자선단체인 '빌&멜린다 게이츠 재단' 에서 보다 많은 시간을 보내겠다고 했다. 그리고 가족들 몫으로 1,000만 달러 정도만 남기고 나머지 재산은 사회에 환원하겠다고 했다.

그의 말대로라면 은퇴 후 자선사업에 보다 적극적으로 참여하여 세계적으로 음지에 있는 사람들을 돕는 데 시간과 노력을 아끼지 않겠다는 뜻으로 해석할 수 있다. 빌게이츠는 이제 그의 나이 53세이다. 인생의 전반기에 돈을 버는 데 심혈을 기울였다면 그의 인생 후반기에는 벌어들인 돈을 값지게 쓰려고 노력하는 것으로 보아 그는 참 인생을 멋있게 사는 사람이다.

돈을 많이 벌어서라기보다 번 돈을 아름답게 쓰기 때문에 그의 삶이 멋진 것이다. 어떤 방법이든 남을 위해 자선을 베풀 수 있는 삶은 아름답고 숭고하다.

그의 말대로 영리사업에서 은퇴를 하고 자선사업에 전념할 것인지는 두고 봐야 알겠지만, 우리나라의 재벌기업가들이 가족뿐 아니라 손자 손녀에게까지 온갖 방법을 동원하여 재산을 상속시키려 하는 것과는 비교가 되지 않는 이야기다. 이명박 대통령도 선거운동 당시에 자신의 재산을 국가에 헌납하겠다는 말을 하였다. 임기 중에 그 약속이 이루어지기를 기대해 본다.

돈을 값지게 쓰는 일처럼 시간을 값지게 보내는 일도 쉬운 일이 아니다. 나의 시간을 좀 더 멋지게 쓰는 방법은 함께 나누는 것이다. 누구에게나 삶의 우선순위가 똑같을 수는 없지만, 가진 것에 감사하고 그것이 돈이든 시간이든 함께 나누는 삶을 우선순위에 넣어보자.

오랫동안 익숙해져 있던 삶의 방식들과 과감히 헤어져 보는 것은 어떨까? 쉽지만은 않을 것이다. 빌게이츠도 이런 결정을 하기까지 아내와 많은 고민을 했다고 했다. 고민하지 않고 쉽게 결정내리는 일은 또한 쉽게 바뀔 수도 있기 때문이다.

(2006)

날지 못하는 새

얼마 전에 잘 아는 판화작가로부터 작품 한 점을 선물로 받았다. 다시 말하면, 내가 받은 것이 아니라 남편이 받은 것이다. 남편과 절친한 사이인 작가가 미국 Port Townsend에서 전시회를 하고 돌아온 기념이라면서 선뜻 작품 하나를 선물한 것이다. 고마운 마음과 함께 액자로 만들어 오며가며 볼 수 있는 곳에 걸어 놓았다.

작품 속에는 커다란 새가 두 마리 있다. 두루미 같기도 하고 황새 같기도 하다. 서로 마주 앉아있는 두 마리의 새는 머리 부분이 하얀 붕대로 감겨져 있다. 뾰족한 부리 끝 부분만 남긴 채 눈과 코, 귀 부분이 모두 친친 감겨져 있다. 아주 가까이 마주 앉아 있지만 서로를 보지 못한다. 작품 아래는 연필로 "The Blind Birds" 라고 쓰여 있다.

우리는 흔히 자유의 상징을 말할 때 '새' 에 비유하곤 한다. 새는 창공을 날 수 있는 날개를 가졌기 때문이다. 날개가 곧 자유의 상징이다. 그러나 그 날개만으로 자유를 말하기엔 부족하다. 작품 속의 새는 날개가 있어도 날 수 있는 자유를 잃은 셈이다. 눈이 보이지 않는데 어디로 날아간단 말인가? 부리가 친친 감겨져 있으니 어떻게 먹이를 먹고, 어떻게 노래할 수 있단 말인가? 날갯짓을 한들 무슨 소용이 있겠는가?

작품 속의 새에게 어느새 연민을 느끼게 되었다. 풀 수만 있다면 얼른 붕대를 풀어주고, 창공 속으로 훨훨 날게 하고 싶건만, 그림 속의 새는 꼼짝 못하고 있다.

타인의 자유를 보장한다고 떠들어대면서 정작 그 자유가 아무 필요도 없도록 또 다른 자유를 억압하는 사례를 우리는 종종 볼 수 있다. 자유라는 말 속에는 부자유도 포함되어 있다고 생각한다. 자유에는 항상 한계가 뒤따르기 때문이다. 설령 그 자유가 주어지더라도 다른 자유가 보장되지 못하면 주어진 자유도 아무 쓸모가 없게 된다. 새의 눈, 코, 귀를 가리고도 날개가 있으니 훨훨 날아보라고 하는 것처럼 말이다.

개인의 삶이 자유로운 사유思惟에 바탕을 둔 자유의지, 자유행동의 총체라면, 우리는 얼마나 타인의 자유의지, 자유행동을 인정하려고 노력하는가?

어느 하루

꽃샘추위의 꼬리에 따라오는 봄 햇살은 따사롭게 보였으나 숨은 기운은 쌀쌀하다. 감기가 떠나지 않은 터라 옷을 겹쳐 입고 작업복 차림으로 장갑이랑 호미를 챙긴다.

직장인이라면 누구나 그러하듯이 출근과 퇴근이 반복되는 삶 속에서 집안일과 친지들의 대소사와 어쩌다 한 번씩 모이는 모임 등에 참석하다 보면 봉사활동을 할 시간이 좀처럼 주어지지 않는다. 남는 시간에 봉사활동을 하려면 평생 동안 그런 시간이 주어지지 않을 것 같아서 나이 마흔이 넘은 후에야 일부러 나의 시간을 봉사시간으로 쪼개어 쓰기로 했다.

오늘은 이시돌에 있는 글라라 수녀원으로 봉사활동을 가는 날이다. 성녀 글라라의 삶처럼 평생 가난과 노동을 통해 영성생활을 충만하게 하는 곳이다.

전에 이시돌 젊음의 집에 학생들을 인솔하고 인성수련을 갔을 때

점심시간을 틈타 글라라 수도원에 있는 작은 성당을 찾은 일이 있었다. 수녀원으로 들어가는 삼나무 가로수길이 마음을 정결케 해 주었던 그곳으로 간다니 설레고 마침 남편도 동행을 하게 되어서 마음이 더 가볍고 감사하다.

이시돌에 들어서자 아름다운 수녀원 길 삼나무가 양쪽에서 사열하듯 반기고 수녀원에 달린 작은 성당의 종탑도 반갑게 인사를 건넨다.

글라라 수녀원은 1972년에 '제주 성 클라라 수도원' 이라는 이름으로 제주에 처음 들어왔다. 설립 당시에는 미국 미네아폴리스 수도원에서 여섯 명의 자매들이 제주도에 파견되어 한국 최초의 글라라 수도원을 설립하였다고 한다. 지금은 스무 명 정도가 이곳에서 수도생활을 한다고 들었다.

미리 와 계신 회장님의 안내로 비닐하우스에 들어갔다. 이곳 수녀님들은 기도생활 중에서도 자급자족을 위한 수단으로 알로에를 재배하고 있다. 이랑마다 줄을 맞추어 일정한 간격으로 서 있는 싱싱하고 튼실한 알로에를 보니 그 힘의 기운이 내 몸으로 들어오는 것 같았다. 수녀님들은 이 알로에로 화장수를 만들기도 하고 잎으로 팔기도 한다. 유일한 소득원인 셈이다. 수녀님들이 이 넓은 하우스를 다 관리한다니 대단하다는 생각이 들었다.

나와 몇몇은 알로에의 꽃대를 꺾으라는 작업지시(?)를 받았다. 왜 꽃대를 꺾어야 하는지를 여쭈었더니 알로에 꽃은 잎으로 가는 영양분을 빼앗기 때문에 꽃대가 올라오려 할 때 꺾어주어야 한단다. 그야말로 잎을 위해 꽃이 희생되어야 하는 거다. 아, 꽃과 잎이 공존할 수는 없는 것인가? 하나를 얻으려면 하나는 버려야 한다는 말이 이럴 때 쓰는 말인 것같다. 좋은 상품을 만들어내기 위해서라면 이 한 목

숨 기꺼이 바칠 자세로 알로에 잎 사이로 꽃대들이 솟았다. 내 손에 의해 꺾이는 꽃대야말로 알로에 잎을 위한 장렬한 순교다. 꽃의 순교 없이 품질 좋은 알로에도 없다. 그야말로 꽃보다 잎이다.

수녀님들이 그 넓은 알로에 밭을 관리하기에는 너무 힘들 것 같았다. 어느 쪽은 잡초가 별로 없었지만, 다른 한 쪽은 아직 손길이 미치지 않아 잡초가 빈틈없이 땅을 차지하고 있었다. 아무도 그곳을 손대지 않으려 했지만, 일 잘하는 전문가(?) 몇이 덤벼들어 일을 하니 차츰 검고 부드러운 흙이 보이고 이랑 사이에는 잡초더미가 쌓여갔다. 시골 출신이라 어머니와 함께 김을 맸던 실력이 있기에 나도 그 그룹에 끼어서 신나게 김을 맸다.

남자들은 이랑에 쌓인 잡초를 작은 리어카로 실어 나르는가 하면 어떤 팀은 두엄을 실어다 알로에 밑에 뿌려 주었다. 알로에에게는 잡초는 없어져야 할 존재이고 두엄은 알로에를 위해 꼭 있어야 할 존재로 구분되어지는 순간이다.

내 마음 구석구석에서 자라는 잡초도 뽑아주어야 하는데, 어디에서 얼마나 자랐는지 가늠초차 못할 때가 많다. 내 안을 살피는 혜안보다는 세상에 보이는 것에 익숙해져 있는 눈 탓이다. 나를 파괴하는 잡초인 줄을 알면서도 마음에서 내쫓지 못하는 어리석음을 범한다. 어떤 때는 마음 안에 자리잡은 온갖 것들이 어느 것이 버려야 할 잡초이고 취해야 할 두엄인지를 구분 못하고 다 취하려고 하다가 뒤늦게 마음의 상처를 받고서야 깨닫는다. 그것을 구분케 해 주는 지혜의 잣대도 나에게는 필요하다. 나를 제대로 키워주고 성숙시켜 주는 두엄을 취하는 데 소홀히 하지 말아야겠다는 생각으로 알로에의 뿌리 근처의 잡초를 힘차게 잡아당겼다.

한참을 푸른 잡초와 씨름하다 보니 허리도 아프고 얼굴엔 땀방울이 흐르고 있다. 옆에서 김을 매던 분이 허리를 펴고 검은 땅이 드러난 이랑을 뒤돌아보며 "아이고 오장이 다 시원허다!" 하신다. 검고 부드러운 흙이 발 아래 드러났다.

나의 오장도 그 순간은 상쾌하고 시원했다. 나에게 주어진 짧은 노동의 시간이 땀보다 진한 가치를 알게 해 주었다. 노동은 고통이 아니라 축복일 수 있다는 것과 노동을 할 수 있는 건강한 육체와 힘을 갖고 있음이 감사해야 할 일이라는 것을 말이다.

이곳에 사는 즐거움

살면서 이사를 안 해 본 사람은 없을 것이다. 이사는 단순히 살던 곳을 옮기는 것뿐만 아니라 생활 방식을 바꾸게 하는 큰 힘이 있다.

도시에 사는 사람들은 그에 맞는 생활방식으로 살게 되고, 시골에 사는 사람들은 시골이라는 환경에 맞게 살아간다. 사람의 살아가는 방식이야 겉으로 드러나기엔 어디에 살건 별반 다를 게 없지만, 한 사람 한 사람의 속내로 들어가 보면 천태만상인 게 사람 사는 모습이다. 사람마다 원하는 환경이나 처해진 환경이 각기 다르기 때문에 어디에 사는 것이 좋다고 단정지어 말할 수는 없다.

필자는 2004년 초에 시내에서 읍 소재지로 이사를 했다. 아는 이들은 묻는다. "남들은 시내로 오지 못해 안달인데, 왜 거꾸로 시골로 이사 갔느냐?"고. 그 대답은 "어쩌다 보니 그렇게 됐어요"라는 짧은 말로 대신하고 만다. 왜냐하면 그 이유를 말로 하기에는 나의 언변이 부족하기 때문이다.

결혼을 하면서 나의 친정이라는 집과 이별을 하고 신혼집을 얻으러 다니면서 처음으로 집의 기능을 생각하게 되었다. 출퇴근에 어려움이 없어야 하며, 장보기가 쉽고, 가족간에 왕래가 쉬워야 한다는 생각으로 이 집 저 집 발품을 팔아서 빌린 집은 아직도 기억에 생생하다. 아담한 단층 양옥이 기역자로 앉아 있고 마당이며 우영밭(필자 주 : 울타리 안에 있는 텃밭)까지 있는 지금 같으면 아름다운 전원주택이었다.

우영에는 늘 주인 할머니가 씨 뿌린 배추며, 상추, 마늘, 고추가 자라고 있었다. 햇살 좋은 주말이면 삼겹살 한 근에 우영에서 방금 해온 배추 한 포기, 상추, 풋고추 한 줌으로 식탁은 풍성했다. 주인 할머니의 넉넉한 사랑과 함께 그 집에 대한 정도 점점 두터워져 아직도 잊혀지지 않는 집이다.

두 번째로 이사를 한 집은 개인주택 2층이었다. 그때는 아이를 키우는 데 도움이 되는 집을 찾아 일부러 친정 가까운 곳으로 이사를 했다. 마당도 없고, 텃밭도 없었지만, 직장도 가까웠고 친정어머니가 아이를 잘 봐 주어서 아이를 키우는 데 많은 도움을 받은 고마운 집이었다.

그 후 몇 년이 더 흘러 내 집을 마련할 기회가 왔다. 좁은 터에 적은 돈으로 최대의 경제효과를 생각하며 짓다 보니 여유 있게 마당을 만들 수가 없었다. 그래도 당시에는 내 집을 마련했다는 기쁨에 마냥 좋기만 했다. 그 집에서 15년을 살다가 올해 2월에 마당이 있는 시골로 이사를 했다.

이곳에 오게 된 것은 순전히 남편 덕분(?)이다. 남편은 전부터 전원생활을 하고 싶어 했다. 아이들이 다 크면 꼭 그렇게 하고 싶다는 말을 입버릇처럼 해 왔고, 나는 그런 남편을 현실적이지 못한 이상주의자 취급을 하면서 일언반구에 거절을 했다. 그래도 남편은 전원생활의 희망을 버리지 않았다. '○○전원주택 분양' 이라는 광고만 나오면 남편은 그런 집들을 구경하러 가잔다. 남편의 속내는 아내의 마음을 돌리기 위한 전략임을 모르는 바도 아니고 못 이기는 척 따라 나서길 여러 번 곱게 꾸며진 정원이며, 조그마한 텃밭, 조용하고 전원적인 풍경을 보고 거기에 살고 싶지 않는 사람이 어디 있겠는가? 그런 나의 속마음을 남편이 눈치라도 챌까 봐 짐짓 태연스런 태도로 이유를 댄다.

'그럴 돈이 어디 있어? 지금 사는 집이 어때서? 집 없이 셋집에 사는 사람도 많은데, 그만 하면 말지?' '아이들 학교는 어떻게 하구? 출퇴근은 또 어떻게 해?' 이런 저런 이유를 갖다 붙일 때마다 남편은 그저 웃기만 했다.

그러길 3~4년이 흘렀다. 작년 말 남편이 마음에 드는 집이 생겼다면서 꼭 이사를 가잔다. 새로 지은 집은 아니지만 마당에 잔디가 푸르게 자라고 있고, 몇 그루의 오래된 나무도 있어 나름대로 운치가 있는 집이다. 그동안 반대만 해 오던 나로서도 은근히 마음에 드는 집이었다. 시내와 그리 멀지 않아서 출퇴근에 별 어려움이 없을 것 같기도 하고, 남편이 꼭 원하는 일이라 이사하는 데 동의를 했다.

이곳에 오니 나름대로 이곳에 사는 즐거움이 또 생겼다. 오며 가며 늘 쉬지 않는 바다의 풋풋한 체취와 숨결을 느낄 수 있어서 좋고, 씨뿌린 대로 자라는 온갖 밭작물을 보면서 계절의 향기를 맡을 수 있어서 즐겁다. 바다는 언제 보아도 새롭다. 늘 그 자리에 있으면서도 어제와는 다른 모습이다. 어린 시절 백중날에 보리밥과 된장, 물외 쪼가리 몇 개를 담고 몇 시간(?)이나 걸어갔던 그 먼 바다가 가까이에서 나를 반긴다.

밭에서 일하는 아낙네를 보면서 어린 시절 우리 어머니와 그 뒤를 따라 이랑을 매는 소녀를 떠올린다. 마늘 심고 고구마를 캐고, 보리 베느라 손마디가 굵은 어머니는 이제 손자 손녀를 열한 명이나 거느린 할머니가 되었고, 그때의 그 소녀는 이제 오십을 바라보는 또 다른 어머니가 되었다. 내 어린 시절에 살았던 마당 있는 그 집은 흔적도 없이 사라진 지금, 나는 어린 시절의 추억들을 이곳에서 찾고 있는지도 모르겠다.

내가 어린 시절 살았던 집은 전형적인 농촌의 집이었다. 신작로에서 한참을 걸어 들어가야 우리 동네가 보였고, 그림처럼 꼬부라진 골목을 돌아 들어가면 우리 집이었다. 안거리와 바깥채 사이에는 마당이 있었고, 대문 옆에는 커다란 감나무 한 그루가 언제나 집을 지켰다.

우리 어머니가 그랬듯이 이곳 사람들은 정을 나누며 살아간다. 무엇이든 나누는 삶은 의미 있는 삶이다. 그중에서도 음식을 나누는 일은 쉬운 일이 아니다.

아랫집 할머니는 수박 몇 덩이를 문간에 갖다 놓고 가는가 하면, 앞집에서는 밭에서 따온 고추랑, 제주물외, 호박 등을 넘겨주고, 오이하우스를 하는 동네 아저씨는 오이를 내다팔 때마다 상품이 못되는 것이라며 여남은 개씩 갖다 주셨다. 돈으로 계산하는 방식이 통하지 않는 정이 흐르는 이웃사랑에 감동을 받을 때가 한두 번이 아니다.

이곳에 와서 좋은 것 또 하나는 자연과 함께 할 수 있는 여유를 찾았다는 것이다. 차 한 잔을 마셔도 마당의 푸른 잔디를 보면서 마시는 느낌은 전과는 다르다. 바람에 흔들리는 나뭇잎의 진동도, 새들의 노래하는 아침도 고맙고 감사하다. 땅을 밟고 서서 빨래를 널어 본지가 얼마만인지 모르겠다. 햇빛을 좇아 콘크리트 건물 옥상에서 빨래를 너는 기분과는 사뭇 다르다. 5분 정도 걸어 나가면 해안도로와 만난다. 해녀의 자맥질처럼 힘찬 바다의 숨소리를 들으며 수평선 따라 해안도로를 걷는 것도 이곳에 사는 즐거움 중의 하나이다.

이곳으로 이사를 온 후 먹을거리에 대한 걱정도 줄어들었다. 집 옆 조그만 빈터에 상추, 깻잎, 호박, 방울토마토 모종을 사다 심었더니, 뿌린 대로 거둔다는 말처럼 고맙게도 쑥쑥 자라 주어서 올 여름에는 싱싱한 무농약 야채를 즐겨 먹을 수 있었다. 금방 따온 상추, 깻잎으로 밥상을 차리는 일은 신나는 일이다.

이상이 내가 시골로 이사를 간 이유라면 이유이다.

4월의 가을

봄은 가로수에서 푸릇푸릇 돋아나는 어린잎이 보는 이들에게 희망을 전한다. 길가의 잡초들도 세상 밖으로 초록 뿔을 힘차게 내밀었다. 거기다 만개한 벚꽃이 산하를 화려하게 물들여 봄은 마치 화사한 드레스를 입은 신부처럼 아름답고 희망차다.

뻥튀긴 강냉이의 속살처럼 자신을 몽땅 드러내어 가지마다 송송 피워낸 벚꽃의 자태는 감동적이고 아름답다. 벚나무는 꽃을 피우겠다고 작정을 하면 혼신의 힘을 다해 마지막 한 송이까지 남김 없이 꽃을 피운다. 그래서 벚꽃은 보는 이로 하여금 더 감동을 자아내게 하는지도 모른다.

황홀경에 빠질 만큼 아름답던 벚꽃의 무리도 그 자태로 영생을 누릴 수는 없는가보다. 꽃을 시샘하는 바람이라도 한 번 휘젓고 지나가면 주어진 생을 다하지 못하고 꽃잎은 눈이 되어 허공을 날다가 바닥으로 떨어진다.

꽃잎을 모두 떠나보낸 벚나무는 꽃이 떠난 허허로운 자리를 곧 녹색의 잎으로 채워나간다. 화사하고 아름다웠던 벚꽃시대는 추억 속으로 서서히 잊혀지고 싱그러운 잎사귀들로 또 다른 아름다움을 창조한다. 긴 여름 푸르른 잎으로 비와 바람과 태양의 푸념들을 삭혀내며 나무는 점점 성숙되어 가고 뿌리는 더욱 튼튼해진다.

결코 쉽지 않았던 그 동안의 삶의 여정을 뒤돌아볼 틈도 없이 벌써 가을은 오고 가을나무가 되어 있는 자신을 발견하게 된다. 살아오면서 상처받은 흔적은 벌레 먹은 자국으로 남기도 하고, 참회로 물든 가슴은 노랗게 물이 들었고, 이루어질 수 없는 사랑에 대한 연민은 붉은 눈물이 되어 붉게 물들었다.

초록의 힘을 잃어가면서 점점 울긋불긋해지고 푸석푸석해지는 나뭇잎은 자신의 의지와는 상관없이 나무에서 떨어진다. 나무도 나뭇잎을 붙잡으려 한들 그게 소용이 없음을 잘 알고 있기에 미련 없이 삶의 흔적들을 하나씩 지워가듯이 잎을 하나씩 떠나보낸다.

이렇게 아름답고 생기 돋아나는 계절에 나는 가을나무를 생각한다. 나의 마음은 가을 나무처럼 목이 마르고 푸석푸석하다.

때가 되면 치르는 월중행사가 두어 달 건너뛰는가 싶더니 남들이 말하는 갱년기(?) 징후가 나타나기 시작했다. '아니 벌써?' 하는 생각을 하면서 병원을 찾았다. 최신 의료 기구가 내 몸을 탐색하더니 의사는 걱정스러운 듯이 난소암 검사를 권했다. 검사 결과는 며칠 후에 나온다는 간호사의 말을 뒤로 하고 병원을 나섰다. 머릿속은 혼란스러워 병원에서 내려오는 계단이 길게만 느껴졌다.

며칠 후

"손님, 난소암 검사 결과는 이상이 없고요. 예상대로 폐경이 맞습니다."

전화기에서 들려오는 담당의사의 목소리가 낙엽처럼 귓가에서 맴돈다. 냉한 바람이 가슴을 한 바퀴 돌고 지나갔다. 벌써 가을? 정신이 번쩍 들었다. 지난 시간들이 바람에 날리는 꽃잎처럼 하늘위로 날아가 버렸고 내 몸의 생기는 쪼그라드는 것 같았다. 나에게도 꽃이 활짝 피고, 싱그러운 잎으로 여름을 지냈던 시절이 있었는데, 벌써 가을이라니.

목이 마르다. 이럴 때는 차를 마시면서 마음을 달래는 게 수다. 짙은 녹차를 후룩 후룩 마셨다. 여전히 목이 마르다. 나는 지금 거울 앞에 섰다. 거울 속 여자와 눈인사를 나눈다. 거울 속 여자는 며칠 새 눈가의 주름살이 더 깊어진 것같다. 여자가 먼저 말을 건넨다.

'어떤 여자라도 한 번은 다 겪는 일이야, 극히 자연스러운 거지 뭐.'

'그래, 네 말이 옳아, 그런데 내가 자꾸 비참해지는 기분이 드는 것은 어쩔 수가 없어.'

'그건 너의 자격지심 때문이야, 늙어감에 대한 두려움 때문이지 뭐. 아직도 시간이 많아, 스스로 의미를 부여하고 새롭게 삶을 시작해. 그게 네 자신을 온전히 다스리고 책임지는 삶이야.'

나의 심중에 있는 '내 자신을 온전히 다스리고 책임지는 삶' 을 살겠다는 의지를 그 여자는 찾아내 주었다. 그래 이제부터 시작하는 거다. 나이 값을 하는 거다. 나와의 관계를 맺는 모든 사람들에게 더욱 성숙된 모습으로 다가가야겠다. 하루하루를 더욱 성스럽게 보내는 것, 나를 충만케 하는 에너지를 자궁보다 더 깊은 곳에서 샘을 파는 거다. 그 깊은 샘에서 파낸 에너지를 갖고 배려에 익숙해지고 감사로 충만해지는 삶을 솟아나게 하는 거다. 그래서 가을나무에 화사한 꽃 대신 숙연함의 꽃을 피우고, 꽃이 떠난 허허로운 자리에 사랑의 잎을 키우는 것이다. 그래서 봄의 나무들처럼 아름답고 생기 있는 내가 되는 거다.

"눈밭을 뒹굴라, 빗속을 달려라, 달밤에 춤을 추라, 맨발로 잔디를 밟고, 친구와 함께 별을 보자"는 존 로빈스의 말처럼 늙어간다는 우울감에 갇혀있지 말고 신명나게 사는 거다. 그리고 누구에게나 봄이 지나면 한여름이 오고 석양빛의 가을이 오듯이 나도 그러하리라는 믿음을 버리지 않고 기다리지 않아도 돌아오는 겨울을 위하여 의연하게 준비하는 것이 나의 삶을 온전히 책임지는 것이다.

게으름

"여러분께서 지금 버리고 싶은 것이 있다면 무엇입니까?"

"뱃살이라고요? 뱃살도 버려야 할 것이지만, 또 하나 버려야 할 것 중의 하나가 게으름입니다."

TV에서 게으름에 대한 정신과 의사의 강의를 들었던 기억이 떠오른다. 게으름은 삶의 에너지가 저하된 것이기도 하고 그 에너지가 효율성이 낮다는 말일 수도 있다. 게으름에는 작은 게으름과 큰 게으름이 있는데, 작은 게으름은 우리가 흔히 말하는 늦잠자기, 청소 안하기 등을 말하고, 큰 게으름은 인생에 있어서 목표의식을 상실하고 그럭저럭 살아가는 것이라고 했다.

누구에게나 작은 게으름은 시시때때로 찾아오는 법이다. 어떤 날은 하루 종일 아무것도 하지 않고 이불 속에서 뒹굴고 싶은 때가 있으니 말이다. 한때 찾아오는 작은 게으름은 때론 삶의 충전시간이 될 수도 있다. 작은 게으름도 타성에 빠져버리면 곤란하지만, 우리에게 문제가 되는 것은 작은 게으름보다는 큰 게으름이라고 할 수 있다.

나는 지금 큰 게으름이라는 중병에 걸려있는 지도 모른다. 겨우 아침에 눈을 뜨고, 허둥대며 출근을 한다. 학교에 가면 수업하랴 밀려있는 업무를 처리하랴 정신이 없을 정도로 바쁘다. 하루가 어떻게 지나는지도 모를 정도로 일에 취해 산다. 신문 제목도 들여다 볼 여유가 없다.

하루를 마치고 돌아오면 집에도 일거리는 쌓여있다. 아파서 드러눕지 않은 이상 쉴 새 없이 움직인다. 때로는 아픈 몸도 모른 체하고 일에 매달린다. 쳇바퀴처럼 반복되는 일상이지만, 겉으로는 누가 봐도 게으른 생활은 아니다. 스스로도 나름대로 부지런하게 사노라 하지만 때로는 이러한 생활이 진정 부지런한 삶인지 묻고 싶을 때가 있다. 하루 종일 부지런을 떨어도 때로는 그 하루가 허망할 때가 있기 때문이다. 그것은 나의 생활 속에 부지런함이라는 가면을 쓴 게으름이 도사리고 있다는 증거다. 나의 행동이 인생목표나 방향과 동떨어진 채 맹목적인 부지런함으로 채워진 부분이 있다는 뜻이다. 어찌 보면 헛 부지런함이다. 지인들의 경조사도 찾아보아야 하고, 가끔은 동창회에 가서 수다도 떨고, 모임에도 참석해서 반가운 얼굴들과 정담을 나누는 일도 해야 한다. 어느 것 하나 소홀할 일이 아니라는 생각에 열심히 참석하고 찾아다닌다. 여유롭게 공연장이나 영화관도 찾고 싶고, 전시회장도 가고 싶다는 생각은 늘 하면서도 쉽게 그런 시간은 오지 않는다.

게으름은 가면을 쓴다고 했다. 진정으로 해야 할 일은 짐짓 뒤로 미루면서 사소한 부지런함으로 위장을 한다고 했다. 나도 어쩌면 가면을 쓰고 있을 지도 모른다. 나에게 있어서 정말 해야 할 어떤 일이 있음에도 불구하고 사소한 일에 에너지를 쏟는 것은 아닌지 생각해 본다.

직장인으로서 직무에 충실히 임하고 공동체의 구성원으로서 그 역할을 다하는 것이야말로 당연한 일이지만, 그 외의 많은 시간들을 나의 인생의 목표에 맞추어 행동하고 있는지를 생각해 본다. 그저 시간 가는 것이 아쉬워서 맹목적인 부지런함이 되고 있지는 않는지 점검할 때다. 뭔가 해야 된다는 강박관념에서 벗어나지 못하고 이 일 저 일에 자신을 관여시키는 사람들이 있다. 삶의 초점이 없이 이곳저곳의 문화강좌를 찾아다니며 나름대로 열심히 산다고 하는 사람들도 어찌 보면 게으름의 가면을 쓴 위장된 부지런함일 수 있다.

하루하루의 삶이 인생의 한 점이 되고 그 점이 모여 한 사람이 살아가는 인생길이 만들어진다. 언제라도 지나온 인생길을 되돌아보며, '그때 내가 그렇게 하기를 참 잘했어' 라고 말할 수 있어야 하겠다. 그래야 지나온 그 길이 아름답고 보람된 길이 되고 앞으로 그려질 길도 그러하리라.

인생의 목표를 생각하며 스스로 시간을 관리하고 자신의 에너지를 적재적소에 분배하여 사용하는 것이야말로 진정 주인 된 삶을 사는 사람이다. 지금 나에게 진정 필요한 것은 부지런함이라는 가면을 쓴 게으름을 벗어던지고, 내 삶의 방향대로 바르게 행동하고 있는가를 점검하고 확인하는 일이다. 교사라는 직업인으로서 뿐만 아니라 아내로서, 어머니로서, 또한 자녀로서의 몫을 제대로 다하는 삶이 되고 있는지 다시 한 번 점검해 볼 일이다.

게으른 사람들은 '다음에, 나중에, 언젠가는' 이런 말들을 좋아한다고 한다. 그러면서 미래에 대한 환상과 막연한 기대감을 갖고 있다.

다음에는 더 좋은 선생님, 더 좋은 아내, 더 좋은 어머니, 더 좋은 딸이 되겠다는 환상에서 나를 건져내야 하겠다. '다음에' 라는 날짜는 달력에 없다.

초등학교를 추억하며

머리카락이 희끗희끗한 중년의 한 남자가 또래의 여성에게 '너 초등학교 때 울담 옆에 앉아서 오줌 싸는 것 봤다.' 고 하자 그 여성이 대뜸 '그래, 나도 너 고추 내어 놓고 전봇대 옆에다 오줌 갈기는 것 봤다.' 고 응수한다. 그 자리에 함께한 사람들은 한바탕 웃음꽃이 핀다. 또 다른 남자는 다른 여성동창을 지칭하며 초등학교 때 좋아했었다고 너스레를 떤다. 상대의 여성은 '입에 침도 안 바르고 거짓말도 잘한다.' 면서 까르르 웃지만 싫지 않은 표정이다. 이제 반백이 넘긴 나이가 되었으니 그런 말이 동창모임 분위기를 더욱 맛깔스럽게 하는 양념임을 모를 리 없다.

초등학교 동창모임에 가면 졸업한지 40년이 흘렀는데도 그 시절 이야기로 시간가는 줄 모른다. 6년 동안을 줄곧 한 반에서 공부 했으니 오죽 할 말이 많겠는가? 시골 동네라 웬만하면 그 집의 숟가락 숫자까지 다 아는 사이였으니 추억거리가 많을 수밖에 없다. 나에게도 초등학교 시절의 추억들은 내 가슴에서 은하수와 같이 잔잔한 별이 되어 반짝인다. 그 빛이 희미해져 버릴까봐 동창모임에 가면 꼭 유년 시절을 되새기며 추억 한다. 그 시절을 생각하면 단막극처럼 스치는 장면 하나하나가 모두 아름답고 그립다.

나의 초등학교 시절은 선생님께서 가르쳐주시는 모든 것이 새롭고 신기했던 시절이었다. 지금은 입학하기 전부터 미리 학습을 해 오는 아이들이 많지만, 1960년대는 오로지 학교에서 배우는 공부가 학습의 전부였었기에 선생님과 함께하는 모든 시간이 배움의 시간이었다. 나의 작은 손을 잡고 연필 잡는 법과 삐뚤삐뚤 글씨를 바로 잡아 주셨던 1학년 때의 선생님을 생각하면 지금도 가슴이 따뜻해진다. 산수(지금은 수학)시간에는 열손가락이 부족하여 작은 공깃돌을 주어다가 책상 위에 놓고 이쪽저쪽으로 옮기면서 배웠다. 누런 공책에 빨간 색연필로 그려주시는 다섯 개의 동그라미는 나를 얼마나 신나게 했는지 모른다. 통지표에 나타난 '수, 우, 미, 양, 가'에 따라 일희일비했던 기억들.

운동회 날이면 어머니께서 만들어주신 검정 핫팬츠(어깨에 끈이 있고 아래에 고무줄이 있는 짧은 바지)에 하얀 광목덧신(운동화 대신 신었음)을 신고 학교에 갔다. 매일 밭에서만 살다시피 하던 어머니도 운동회 날만큼은 일손을 놓으시고 정성스런 음식을 준비하여 학교 뜰에 자리를 펴고 앉으셨다. 달리기에서 1등을 하면 당신이 1등한 것보다 더 좋아라하셨다. 송충이를 구제 한답시고 대나무 끝에 솜뭉치를 만들어 석유깡통 들고 학교 근처 소나무 밭으로 송충이를 잡으러 나갔던 일, 쥐를 소탕하는 기간에는 일제히 쥐약을 나누어 주고 죽은

쥐의 숫자를 세어 담임선생님께 보고했던 일, 학교 화단을 만든다고 냇가에서 자갈을 비닐부대에 담아서 학교 운동장까지 날랐던 일, 강냉이 죽, 강냉이 빵을 기다리면서 줄을 섰던 일을 생각하면 옛날 그림책을 보는 것처럼 아련하고 나에게 그런 시절이 있었나 싶다.

학교가 끝나면 동네별로 삼삼오오 짝을 지어 나무그늘 아래서 고무줄이나 공기놀이도 했고, 여름이면 오라동 냇가 큰 바위 위에 책가방을 던져놓고 풍덩풍덩 물놀이를 하였다. 지금처럼 텔레비전이나 컴퓨터도 없을 때라 집에 가면 시골길과 들판이 우리의 놀이터였다. 하얀 찔레꽃 꽃잎을 간식으로 따먹었고 노란 인동꽃이 필 때는 꽃을 따다 말렸다가 엿장수에게 엿으로 바꾸어먹었다. 그 인동꽃의 달콤한 향기가 그립다. 그 당시는 동네 밖에 나가면 지천에 깔려있던 인동꽃이나 찔레꽃이 요즘은 보기가 힘들어졌다.

산딸기를 줄줄이 꿰어 높이를 비교하느라 먹고 싶은 마음을 꾹 참다가 게임이 끝나면 한 입에 다 먹었던 그 맛을 생각하면 지금도 입에서 시큼한 침이 맴돈다. 삼동열매 따먹은 날이면 입안이 온통 시커멓게 물들어서 서로 쳐다보며 웃었던 일. 이 모든 일들이 아련하면서도 아름다운 추억이다. 세월을 거슬러 갈 수 있다면 다시 그 시절로 돌아가고 싶다.

그때만 해도 요즘처럼 학원이 없었기에 가능한 일이었다. 요즘 학생들은 방과 후에도 그렇게 놀 시간이 없으니 한 편으로는 불쌍하다는 생각이 든다. 시골학교 어린이들은 설령 시간이 있다 해도 학생수가 점점 줄어드는 추세라 같이 놀아줄 친구가 없는 형편이다.

대정서초등학교의 예만 보아도 1974년에는 10학급 484명에 달했던 학생 수가 점점 줄어들어 2009학년도에는 75명밖에 안 되는 실정이다. 2009학년도 대정서초등학교 41회 졸업생은 19명이고 2010년 3월 입학생은 10명을 예상하고 있으니 먼 훗날 학교가 통·폐합될지도 모른다는 우려를 해 본다.

어린 시절 6년 동안 다녔던 초등학교 교정이 어느 날 문을 닫게 된다면 어떻게 될까? 상상하고 싶지 않은 일이지만 일어날 수도 있는 일이다.

나이가 들어도 남녀끼리 너, 나 할 수 있는 사이가 초등학교 동창사이이다. 돈이 많고 적음과 사회적 지위와는 관계없이 너, 나로 통하는 사이이니 얼마나 좋은 사이인가. 나의 초등학교 동창모임은 해가 거듭될수록 새록새록 정이 쌓이고 서로를 다독거려주다 보니 이제는 동창모임이 점점 편안하고 푸근하다. 세월 앞에 장사 없듯이 이제는 머리카락도 희끗희끗, 얼굴에도 세월의 나이테가 새겨졌다. 벌써 할아버지, 할머니가 된 동창들도 있으니 세월이 참 빠르고 무상하다. 언젠가는 생을 다하여 내가 이 세상을 떠나게 될 지라도 나의 학교는 영원히 남아 있었으면 좋겠다.

3부 _ 교단산책

어느 특별한 생일날

전교생이 서른다섯 명인 이곳 신양분교 아이들과 생활한지도 벌써 7개월이 지났다. 담임배정을 맡고 처음 교실에 들어섰을 때 5학년 세 명, 6학년 다섯 명의 어린이들이 초롱초롱한 눈망울로 나를 반겼다. 새로 오신 선생님에 대한 기대와 희망이 담긴 그들의 맑은 눈망울을 대하며 '더 많이 사랑해야겠다' 고 다짐을 하였다.

이렇게 만난 우리 하늘반, 바다반 아이들. 모두가 순박하고 착한 작은 천사들이다.

4월의 어느 토요일 아침이었다.

"선생님, 교실에 빨리 와 보세요. 큰일이 났어요!" 라는 다급한 목소리가 관사 밖에서 들려왔다. 순간 나는 '아이들이 장난을 치다가 사고가 난 것이로구나' 하는 생각에 이르니 가슴이 철렁 내려앉았고

"무슨 일인데? 누가 싸웠니? 다쳤어?" 하는 나의 다급한 물음에도 아랑곳없이 그 아이는 사라졌고, 나는 큰 사고가 아니길 바라며 허둥

지등 교실로 뛰어 들어갔다.

그런데 이게 웬일인가?

교실 문을 열고 들어서는 순간 폭죽이 터지는 소리와 함께

"선생님 생일 축하드립니다!"

라는 함성이 교실 가득 울려 퍼졌다. 칠판에는 '선생님 생일 축하합니다!' 라는 글이 적힌 오색 풍선이 달랑달랑 매달려 나를 반기고 있었다. 그 뿐만이 아니었다. 교실가운데에 책상을 여러 개 붙여 길쭉한 탁자를 만들어서 그 위에 작은 케이크며, 비스킷과 바나나, 빨갛게 잘 익은 방울토마토 등이 하얀 은박접시에 예쁘게 담겨져 있었다.

'아, 오늘이 나의 생일이지.'

가족과 떨어져 생활하는 것이 늘 미안하고 안타까워서 한 달에 두세 번 집에 가는 주말이면 바쁜 와중에도 식구들과 함께 하는 시간을 가지려고 노력하는 편이다. 나의 생일날도 마침 토요일이라 식구들도 기다리고 있었고, 나 또한 그날을 기대하며 주말을 기다렸던 것도 사실이다. 그러나 전날부터 폭풍주의보가 내려졌고, 그런 계획들은 주의보 때문에 물거품이 되어 버렸다. 죄 없는 날씨를 원망해봐야 어쩔 수 없는 일이었다. 하지만 한 편으로는 속상하고 서운한 마음이 없지 않았는데, 아이들이 이런 내 마음을 알기라도 한 듯 이렇게 깜짝쇼를 열다니. 그날 여덟 명의 작은 천사들이 나를 위해 준비한 생일행사는 나를 감동시키기에 충분했다.

오늘날의 교육현실을 말할 때 '교실붕괴' 니, '학교교육의 부재' 니 하는 선생님과 제자사이의 참된 인간관계를 방해하는 말들을 나는 믿지 않는다. 아직도 선생님을 존경하며 믿고 따르는 해맑은 아이들

이 많기 때문이다. 이 아이들이 있는 한 우리나라 교육의 앞날은 희망이 있지 않을까?

"하늘반, 바다반 아이들아, 사랑한다."

제비집

봄은 우리에게 새로움과 희망을 갖게 해 주는 계절이다. 봄은 얼었던 강물도 풀리게 하고, 언 땅속에서 겨울을 지낸 씨앗들도 싹을 틔우는 시작의 계절이기도 하다. 사람들도 봄이 되면 설레임을 안고 새로운 희망에 부풀어 있게 마련이다. 새 학년, 새 학기, 첫 출근 등 이러한 일들이 대부분 봄에 이루어지기 때문일 게다. 그 만큼 봄은 우리에게 희망의 계절이요 시작의 계절이다. 그러한 봄이 왔음을 알리는 전령사가 제비이다. 겨울 동안 강남에 갔던 제비가 돌아오면 '이제 봄이구나' 하고 느끼게 된다.

작년 봄 우리 집 계단에는 제비 두 마리가 찾아들었다. 시골의 처마도 아니고 온통 콘크리트로 무장한 우리 집에 제비가 찾아왔다는 사실이 처음에는 놀랍고 신기했다. 제비 두 마리가 3층 계단 외벽에 집을 지으려고 며칠을 짚과 진흙을 물어 나르더니만, 닷새쯤 지나자 멋진 제비집을 완성시킨 것이다. 그동안 진흙과 짚을 구하기 위해서 멀리까지 돌아다녔을 제비 부부가 여간 대견스러운 게 아니다. 도시에서는 짚이나 진흙을 구하기가 더 어려웠을 텐데도 자신들의 보금자리를 만들기 위해서 제비부부는 혼신의 힘을 다하였을 것임이 틀림이 없다. 완성된 제비집을 이렇게 가까이에서 보게 되는 것이 새삼스럽고 신기하기만 하였다.

제비가 우리 집 계단에 둥우리를 틀고부터는 왠지 좋은 일이 있을 것 같은 예감이 들었다. 〈흥부와 놀부〉 이야기에 나오는 제비가 흥부네 집에 복을 가져다 준 것처럼, 우리 집에 온 제비도 우리 가정에 뭔가 좋은 일이 일어나게 해 줄 거라는 희망 같은 것을 갖게 해 주었다. 동네 여러 집 중에서도 우리 집에 제비가 와서 집을 짓고 둥지를 틀었다는 것이 은근히 기분이 좋아지는 것이다. 마치 복권에 당첨이라도 된 것처럼 말이다.

제비부부는 둥지를 다 만들고 나자 그 안에서 알을 낳아 정성껏 품었다. 어느 날인가 새끼 제비 다섯 마리가 꼼지락거리며 고개를 내밀었다. 새 생명이 탄생한 것이다. 그런 생명의 신비를 보면서 우리 가족들은 행복해 했다. 새끼제비들이 재잘거리는 소리는 메마른 대지에 촉촉히 내리는 빗물과도 같이 우리 식구들의 가슴을 희망과 행복으로 적셔 주었다. 제비 가족들의 재잘거리는 소리는 생명의 소리요 사랑의 소리이기 때문이다. 그 소리는 세상에서 가장 아름다운 소리이다.

제비부부가 부지런히 먹이를 잡아다 새끼 제비의 입에다 넣어주었고, 새끼 제비들은 쩝쩝거리며 받아먹었다. 먹이를 받지 못한 다른 새끼 제비들은 부리를 쫙쫙 벌리며 먹이를 달라고 아우성이다. 제비부부는 쉬지 않고 먹이를 잡아다 새끼제비들에게 나누어 주건만, 새끼 제비들은 그 마음을 아는지 모르는지 먹이를 달라고 야단법석이다. 새끼 제비들이 조용해질 때까지 제비부부는 날갯죽지를 접지 않고 먹이를 찾아 나선다. 그 모습이 우리 일곱 남매를 낳아 키우신 부모님 모습과 겹쳐지나간다. 해가 뜨기 전부터 하루를 시작하셨고, 어스름을 벗 삼아 집으로 돌아오셨던 부모님. 일곱 남매 키우느라 등이 휘는 부모님의 속마음도 모르면서 우리 집은 왜 이렇게 살아야 하나 하고 생각했던 지난날이 부끄러움으로 다가온다. 제비부부가 부지런히 먹이를 잡아다 준 공으로 새끼제비들은 점점 자라서 이제 스스로 날 수 있게 되었다. 오늘날 먹고 살기가 힘들다고 자식을 버리고 떠나는 부모들을 생각하면 제비부부의 새끼사랑은 그야말로 숭고하지 않을 수 없다.

하나를 얻으면 하나를 잃는 다는 말도 있듯이 제비의 재잘거림을 듣는 대신 우리 집 계단은 제비똥 때문에 수난을 겪어야만 했다. 새끼 제비들도 합세하여 똥을 싸는 바람에 계단은 하루라도 제비똥을 안 치우면 안 될 정도가 되었다. 사람의 마음은 참으로 알다가도 모르는 일. 제비가 와서 집을 지을 때 좋아했던 마음은 사라지고 제비똥 치우는 일 때문에 제비가 귀찮게 여겨지기 시작했다.

제비집을 부수어 버리자니 너무 잔인한 것 같고, 그냥 두자니 제비똥 치우는 일이 귀찮고, 이러지도 저러지도 못하는 사이에 여름은 그 힘을 잃어가고 있었다. 더위 꼬리가 점점 가늘어 지던 어느 날, 제비들은 집만 덩그러니 남기고 떠나갔다. 재잘거리는 제비 소리는 들을 수가 없게 되었고, 더 이상 제비똥이 우리 계단을 더럽히지도 않았지만, 가족들이 어디로 떠나가 버린 것처럼 어딘가 허전하고 서운했다.

'있을 때 잘해' 라는 말이 생각났다. '달면 삼키고 쓰면 뱉는다' 는 속담이 떠오르면서 나도 별수 없구나라는 생각을 하였다. 제비가 떠나고 나서야 나의 이기적인 속성을 들여다볼 수 있었다. 꽃 한 포기, 나무 한 그루를 키우면서도 물주고 거름 주며 키우거늘, 하물며 하늘을 지붕 삼아 사는 제비를 가까이에서 보면서도 제비소리만 공짜로 듣기를 바랐으니, 얼마나 이기적인가? 실로 부끄러운 일이다.

그렇게 떠나갔던 제비들이 올 봄에 다시 우리 집을 찾아왔다. 제비에 대한 자료를 찾아보았더니 '제비는 보통 한 집에 한 개의 둥지를 만들어 매년 같은 둥지를 몇 번이나 보수해서 사용하며, 귀소성歸巢性이 강하고 몇 년 동안 동일지방에 돌아오는 것이 적지 않다' 고 쓰여 있었다.

다시 돌아온 제비들은 아마도 작년의 새끼제비인지도 모른다. 그들은 올해 또 다시 새로운 가족을 만들었고, 살아있는 자연의 소리를 들려주었다. 그 소리는 바로 희망의 소리이고 생명의 소리이다. 덤으로 제비똥 치우는 일도 선물로 주었다. 한 때 제비집을 허물 생각을 했었다는 것이 부끄러워 제비똥을 더 열심히 치우고 있다. 그리고 제비들이 우리 집 계단을 온통 제비똥으로 칠할 지라도 나는 제비집을 온전히 보살필 것이다. 그리하여 제비가 전해 주는 자연의 소리와 희망의 메시지를 다시 들을 것이다. 그게 가능하다면 내년에도 내후년에도…….

추자공소

본인이 추자공소와 관계를 맺게 된 것은 지난해 3월 추자에 있는 초등학교 분교에 근무를 하게 되면서부터이다. 추자공소를 처음 찾았을 때의 그 느낌은 지금도 생생하다. 좁다란 골목 끝에 자리잡은 성당은 작고 아담했다. 어느 가정집을 방문하는 듯한 느낌이었다. 좁은 뜰 한 켠에 잘 단장된 아치형 숲그늘 아래에서 성모님이 나를 반겼다. 그 옆에 자그마한 건물이 한 동 있는데 문을 열고 들어서면 그 안에도 성모님과 예수님이 계시다. 반들거리는 마룻바닥이 마치 초등학교 다닐 때의 작은 교실을 연상케 했다. 칠판이 있을 법한 자리에 예수님이 내려다보고 계시고 한 쪽 옆에는 성모님이 서 계셨다. 제주시의 큰 성당에서보다 작은 공간에서 만난 예수님과 성모님은 나와 더 가까이에 계신 것처럼 느껴졌다. 그때의 그 감회어린 추자공소와의 만남은 지금도 계속되고 있다.

신자들은 마루바닥에서 무릎을 꿇고 미사를 드린다. 미사라고 하기엔 부족하지만 공소예절로서 정성을 다하여 봉헌을 한다. 그 때마다 꼭 드리는 기도가 하루빨리 신부님 집전 하에 미사를 올리게 해 달라고 하는 기도이다. 주일날 공소예절로 미사예식을 치르는데, 참석하는 신자수는 아이들까지 합쳐서 40명 정도이다. 신자 수는 많지 않지만 신앙심만큼은 어느 성당에도 뒤떨어지지 않는다. 주일 공소예절뿐만 아니라 수요일에는 구역모임을 가져서 묵주기도와 성경공부를 하고, 금요일에는 '십자가의 길' 기도를 꼬박꼬박 바친다. 그런 어른들을 본받아 아이들도 열심이다. 3학년만 되면 십자가의 길 기도를 할 때 선창을 할 정도로 아이들은 기도를 열심히 한다.

지난해부터 짓기 시작한 추자 공소가 아직도 완공이 안 된 상태이다. 추자에 있는 신자들의 힘만으로는 도저히 감당하기 어려운 일이지만 일단 시작은 했고, 그로 인하여 많은 어려움도 있었다. 자금이 부족한 탓에 일이 잘 진행되지 못해서 아직까지 마무리를 못하고 있는 실정이다. 부족한 자금을 조금이라도 충당해 보려고 지난 4월에는 제주시에서 벚꽃잔치가 열릴 때 '추자공소 설립 기금마련' 을 위한 먹거리 장터를 열기도 했다. 김밥이랑, 국수, 전 등을 손수 만들어서 벚꽃 축제에 온 손님들에게 파는 일은 쉬운 일이 아니었다. 그 일을 위해서 서문 성당(본당) 신자들이 앞장서서 추진을 하였고, 추자공소 신자들은 전날부터 준비를 하고 제주로 나갔다. 서문성당 신자들과 한마음이 되어 기금마련잔치는 성황리에 끝났다. 작은 정성들이 모여서 큰일을 할 수 있다는 것을 보여준 행사였다.

신자들이 이렇게 노력하는 것 외에 신부님도 고생을 많이 하고 계시다. 여러 본당을 돌면서 공소 신축 헌금을 약정 받는 일이 쉬운 일이 아님에도 불구하고 하느님의 성전을 짓는 일에 심혈을 기울이고 계시다. 그런 까닭에 요즘 추자공소 신자들은 마음이 들떠있다. 얼마 없으면 새로 짓는 공소 건물이 완공되기 때문이다. 그동안 많은 어려움을 이겨내고 성당이 지어지는 모습을 보면서 신자들은 감사하고 있다. 특히 여러 본당을 돌면서 공소 신축헌금을 모금하시느라고 고생하는 임문철 신부님과 그런 일에 선뜻 헌금을 하시는 모든 신자들에게 감사한 마음이 더 크다. 항상 어디에서나 우리를 지켜보시는 예수님과 성모님이 계시기에 이런 일들이 순조롭게 이루어지는 것같다.

11월에는 완공될 것이라는 추자공소가 계획대로 잘 지어져서 추자도에 더 큰 신앙의 텃밭이 되기를 기대해 본다.

추자단상

추자도는 한반도와 제주 본섬의 중간지점에 위치해 있고, 제주에서 목포 방향으로 뱃길로 약 두 시간이면 갈 수 있는 곳이다. 추자도는 상추자, 하추자, 추포, 횡간도등 네 개의 유인도와 서른여덟 개의 무인도로 이루어진 군도이다. 면적으로 보면 상추자는 1.25㎢이고 하추자는 4.17㎢로 하추자가 넓지만, 면사무소나 파출소, 보건지소 등 대부분의 관공서들이 상추자에 모여 있고 슈퍼마켓이나 식당, 술집들도 많은 편이다. 하추자는 신양리, 예초리, 묵리 이렇게 세 개의 자연부락이 있는데, 신양리에 부두와 학교가 있다. 신양리에는 추자초등학교신양분교장과 추자중학교, 진료소, 우체국을 제외하면 모두다 민가이다. 신양분교장이 있는 신양리는 작은 상점 서너 곳이 있을 뿐 식당이나 술집도 없어서 항상 조용한 편이다. 새벽이나 저녁이 되면 통통통 고깃배 드나드는 소리가 정겹게 들려오고, 이따금 어촌계에서 알리는 확성기 소리가 사람 사는 동네임을 느끼게 해준다. 정기여객선이 오갈 때 '뿌웅~' 하는 뱃고동 소리가 사람들의 가슴을 설레게 하는 너무 조용하고 고즈넉한 마을이다.

필자가 추자초등학교신양분교장 교사로 발령을 받은 것은 2001년 3월 1일이다. 발령을 받기까지는 나름대로 많은 생각을 하고 힘들게 내린 결정이었음에도 불구하고, 막상 발령 발표가 나자 마음이 착잡했다. 가족과 떨어져서 있어야 한다는 생각을 하니 눈물이 앞을 가렸고 '내가 무엇을 위해 이런 일을 하나?' 하는 생각도 했다. 나 자신도 '여자가….' 하는 편견에서 완전히 벗어나지 못한 상태에서 남편과 몇몇 분들의 적극적인 권유로 추자도로 지원은 했지만 식구들에게 미안한 생각도 들고, 가서 잘 생활 할 수 있을 지에 대한 두려움 때문에 마음이 편치 못했다. 하지만, 주변에 계신 분들이 추자도에서의 교직생활이 결코 헛된 시간이 되지 않을 거라고 격려해 주시면서 용기와 희망을 갖도록 해 주었다. 그때 격려해 주신 분들이나 전화로 도움 말씀을 주신 분들에게는 지금도 고마운 생각이 든다.

다른 도서 벽지에 근무하시는 선생님들과 마찬가지로 이곳 추자도에 근무하시는 선생님들께서도 어려움이 많다. 가장 어려운 점이 있다면 가족과 떨어져 생활해야 하는 데서 오는 어려움일 것이다. 하루하루를 가족들과 함께 지내지 못하는 안타까움 뒤에는 늘 가족에 대한 그리움이 따라다닌다. 선생님들은 제주에 있는 가족들을 가슴에 안고 생활해야 하고, 반면에 제주에 있는 식구들은 아빠의 빈자리, 엄마의 빈자리를 남겨놓고 생활해야 하는 어려움이 있다. 그렇기 때문에 오랜 만에(격주로) 가족들을 만날 때의 기쁨은 또한 남다르다. 그만큼 가족의 소중함이 절로 느껴지기 때문이다. 2주일만에 가족들을 만나는 즐거움도 어떤 때는 허락되지 않을 때도 있다. 뱃길을 이용해야 하는 어려움 때문이다. 바닷길이 항상 잔잔하고 쾌청하면 얼마나 좋으련만, 어찌된 일인지 집안에 꼭 볼 일이 있을 때나, 주말이 되면 그 놈의 바람이 배를 묶어놓고야 만다. 두 주 만에 제주를 가려고 주말을 기다렸는데 주의보가 내리면 정말 허탈하다. 그때의 허탈감은 이루 말할 수 없다. 남자 선생님들은 죄 없는 담배만 피워 물고 무심한 바다만 바라본다. '푸~' 하고 뿜어대는 담배 연기 속에는 가족에 대한 그리움뿐만이 아니라, 속절없는 날씨에 대한 원망도 함께 섞여 있다.

날씨 이야기가 나오면 추석 때의 일이 잊어지지 않는다. 작년 추석 때는 추석연휴 며칠 전부터 날씨가 좋지 않았다. 명절을 차려야 할 여선생님은 특별배려로 추석연휴 하루 전에 제주에 올 수 있었지만, 남자 선생님들은 추석날 오후에야 날씨가 풀리는 바람에 결국 명절 차례도 못 지낸 셈이다.

올해의 추석도 날씨가 애를 먹이기는 마찬가지였다. 추석 다음날부터 날씨가 안 좋다는 예비 특보가 추석날 오후에 내렸던 것이다. 학교에 아무도 없는 상황에서 날씨가 좋지 않으니 걱정이 이만저만이 아니었다. 추석명절 연휴를 하루 더 연장해서 방학을 했음에도 불구하고 결국 추석날 몇 분 선생님은 먼저 추자로 들어가시고, 그 다음 날은 모두가 들어가야만 했다. 날씨 때문에 있었던 에피소드는 수도 없이 많지만, 지면 관계상 생략한다.

이곳 추자도에서의 생활이 나름대로 좋은 점도 있다. 개인적으로는 혼자 있는 시간이 전보다 많다 보니 자신을 되돌아볼 여유도 생겼다는 것이다. 제주에 있을 때는 아내, 어머니, 선생님으로서 하루하루를 그저 열심히 사노라고 살았을 뿐, 자신을 바르게 들여다볼 수 있는 여유가 없었던 게 사실이다. 퇴근 후의 시간을 자신을 위하여 온전히 쓸 수 있다는 기쁨도 나에게 주어진 또 하나의 선물이었다. 그동안 읽고 싶은 책도 읽을 수 있어서 좋았고, 하고 싶은 일(글쓰기)도 할 수 있어서 더없이 감사하게 생각한다. 더군다나 낚시하는 즐거움도 맛볼 수 있었으니 얼마나 행복한 일인가? 낚시를 좋아하시는 선생님은 추자도만큼 좋은 곳이 없을 것이다. 퇴근 후의 남은 시간을 다른 선생님들과 함께 낚시도 하고, 썰물 때는 보말을 잡아다가 까먹으면서 담소를 나누었던 일들, 관사 앞에서 싱싱한 전갱이, 고등어를 숯불에 구워먹으면서 소주잔을 기울였던 일 등은 오래 오래 기억될 것이다. 이곳에서 같이 근무했던 선생님들은 다른 학교로 가서도 가족 같은 정이 느껴지는 것은 이런 저런 추억을 함께 했기 때문이리라.

가르치는 보람도 남다르다. 사회 문화적으로 열악한 환경에 있는 어린이들을 위해서 뭔가 도움이 되는 일을 했다는 생각이 들 때는 추자에 오길 잘했다는 생각을 하게 된다. 그들에게 큰 꿈과 희망을 심어주는 일이 결코 헛되지 않을 것임을 느낄 수 있기 때문이다. 그런데 추자도에 지원하는 여교사가 없다는 이야기를 들을 때면 안타까운 마음이 든다. 인사제도를 더 보완해서 도서벽지에 지원하는 여교사에게 남다른 인센티브를 준다면, 이곳 추자도에도 여교사가 많이 지원하지 않을까 하는 생각도 해 본다.

대한민국 국민모두가 교육의 권리를 온전히 누릴 수 있도록 하기 위해서는 오히려 낙후된 곳일수록 더 많은 투자를 하여 도시와 시골 사이의 교육불균형이 오지 않도록 해야 한다고 생각한다. 교육을 경제원리로 해석하는 사람들 때문에 빈익빈, 부익부현상이 일어나는 것처럼 큰 학교는 점점 비대해 지고, 작은 학교는 점점 작아지고 있다. 학교는 작을지라도 그 학교에 다니는 아이들의 꿈은 크고 원대하다는 것을 잊어서는 안 된다는 생각을 하면서, 학생수가 적다는 이유로 한 선생님이 두 개의 학년을 맡는 복식학급운영이 없어질 날도 기대해 본다.

관사에 짐을 풀고 나서도 손에 일이 잡히지 않아 망연히 바다만 바라보았던 일이 엊그제 같은데, 벌써 2년 세월이 다 흘러 이제 이곳에서의 생활이 얼마 남지 않았다는 생각을 하면 한 편으로는 아쉬움이 남는다. 신양분교장 서른다섯 명의 어린이들 한 사람 한 사람 다 정이 들었고, 성격 마음까지도 알았는데 말이다. 2년이라는 세월 속에서 그들과 함께 한 나날들이 훗날 그들을 얼마나 변화시킬지 모르지만, 나는 그들을 잊을 지라도, 그들은 나를 오래오래 기억해 주었으면 하는 작은 욕심을 내어본다.

(2002)

컴퓨터와 아이들

여름방학을 앞두고 반 아이들과 한 학기 동안의 생활을 되돌아보는 시간을 가졌다. '방학을 어떻게 보낼 것인가' 하고 계획을 세우는 것도 중요하지만 지난 시간들을 반성하고 새롭게 다짐하는 것도 계획 못지않게 중요하다고 생각했기 때문이다. 보다 진솔한 반성이 되도록 하기 위하여 메일을 선생님께 보내도록 하였다.

저마다 자신의 생활을 솔직하게 반성하는 내용과 함께 좀 더 잘 하겠다는 다짐의 글들을 접하면서 다음 학기를 희망적으로 기다리게 되었다. 어리고 철없는 아이들이라고만 생각해서 눈앞에 보이는 행동에 대하여 꾸중하고 벌주면서 그들의 생활태도를 바꾸려고 했던 일들이 너무 성급했다는 생각도 들었다. 아이들은 자신이 지금 무엇을 잘못하고 있는지, 앞으로 어떻게 해야 하는지 너무도 잘 알고 있었기 때문이다.

그중에서도 철이의 반성 내용은 나를 가슴 아프게 했다. 학교에서는 주의가 산만하고 학습의욕이 떨어져서 늘 안타깝게 생각했던 철이가 자신의 생활을 반성한 대목이다.

"선생님, 저는 그동안 컴퓨터 게임에 빠져서 학교공부를 게을리 했습니다. 게임을 너무 좋아해서 컴퓨터 게임만 하다가 숙제를 못한 적이 한두 번이 아닙니다. 앞으로는 게임을 하는 시간을 줄이고 그동안 못한 공부를 더 열심히 하겠습니다."

철이는 부모님이 맞벌이를 하기 때문에 낮에는 혼자서 생활을 한다. 다른 아이들처럼 이 학원 저 학원 다니는 것도 아니고 그렇다고 공부가 재미있는 것도 아니라서 자연히 컴퓨터 게임에 빠질 수밖에 없는 상황이었다. 컴퓨터 게임에 빠져서 학습의욕을 잃는 아이들은 철이 뿐만이 아닐 것이다. 부모님의 손길이 닿지 않은 곳에서 컴퓨터의 가상세계로 빠져드는 또 다른 철이는 얼마든지 있다. 컴퓨터는 우리 생활 전반의 필수품으로 자리잡고 있지만. 아이들에게는 오락과 게임을 즐기는 도구로 전락해 버린 듯한 느낌이 들 때가 많다.

이제 방학이다. 학교에 가지 않는 아이들에게 컴퓨터 게임은 뿌리칠 수 없는 유혹이다. 아이들 스스로 자제하기엔 너무 힘들다. 부모나 교사의 설득만으로 게임에 빠져있는 아이들을 돌려놓을 수는 없다. 그 만큼 컴퓨터 게임은 중독성이 강하기 때문이다.

부모님들은 이번 방학에 아이들을 컴퓨터 앞에서 떼어놓을 수 있는 기막힌(?) 방법들을 총 동원할 필요가 있다. 방학을 맞이하여 다양한 문화행사가 제주도 일원에서 이루어지고 있는데 이런 행사에 아이들과 함께 참여해 보는 것도 좋을 것이다. 그동안 학교생활로 자주 찾아뵙지 못한 할머니 댁에도 가서 며칠을 마음 놓고 놀다 오고, 평소에 읽고 싶었던 책을 읽으면서 마루에서 뒹굴어보면 어떨까.

파랑새

전에 근무하던 학교의 점심시간이었다. 아이들이 교무실로 우르르 몰려와서 하는 말

"선생님, 빨리 와 보세요, 저기 새 한 마리가 가만히 앉아 있어요!"

흥분된 목소리로 나를 일으켜 세운다. 아이들의 손에 이끌려 나간 곳은 국기게양대가 있는 과학실 앞이었다.

반 아이의 작은 손바닥 위에 새 한 마리가 다소곳이 앉아 있는 게 아닌가? 털빛이 초록과 옥색이 뒤섞여 있으면서 약간은 반들거리는 아주 아름다운 새였다. 너무 색이 곱고 아름답다는 생각을 했다. 눈빛이 초롱초롱하고 호기심 어린 표정으로 고개를 갸웃거리는 모습이 마치 아무것도 모르는 어린아이 같았다.

아이가 새를 조심스럽게 쓰다듬어도 새는 아이의 손에서 떠나지 않는다. 마음만 먹으면 휘─익 날아갈 수 있으련만 어찌된 이유인지 손바닥 위에 그대로 앉아있다. 구경하는 아이들에게 인사라도 하듯

이 맑은 눈망울을 굴리면서 갸웃거린다. 손바닥 위가 마치 나뭇가지라고 착각을 하는지 전혀 불안해 보이지도 않는다. 아이에게서 새를 받아들고 이리저리 살펴보아도 특별히 다친 데는 없는 것 같았다. 그런데도 날아가지 않고 내 손에 가만히 앉아있는 것이 신기했다. 부드러운 털을 살짝 쓰다듬어도 파랑새는 가만히 있다. 새를 살짝 손바닥으로 감싸 안았다. 파르르 떨리는 몸의 진동이 손바닥을 통해 나의 온몸으로 퍼졌다. 따스한 기운이 나의 몸에 퍼진다. 마음이 포근해져 오면서 행복감이 가슴 가득 차오른다. 정말 행복한 순간이다. 오래오래 이 시간을 간직하고 싶어진다. 새를 두 손으로 꼬옥 감싸 안고 가슴 가까이 가져가본다. 새의 가슴에서 뛰는 작은 떨림이 나의 가슴으로 전해져왔다. 아 행복한 순간이다. 나도 모르게 입가에는 미소가 번졌다.

그 모습을 본 아이들은 저마다 자기도 한 번만 새를 안아보자고 아우성이다. 결국 아이들은 차례차례 그 새를 한 번씩 안아보는 의식을 치르게 되었다. 그 새가 마치 보물이 담긴 유리상자라도 되듯이 조심스럽고 부드럽게 자신의 손바닥 위에 올려놓는다. 새가 놓여지는 그 순간 그 아이는 너무 기뻐서 어쩔 줄을 모른다. 살짝 깃털을 쓰다듬는가 하면 부리에다 손끝을 갖다 대기도 하고, 보드라운 털에다가 뽀뽀를 하기도 한다. 그래도 파랑새는 날아가지 않는다.

이제 새를 날려보내야 할 때가 되었음직도 한데 아이들은

"새장에서 우리가 키워요!" 하면서 소리소리 지른다. 애초부터 기를 생각은 없었지만, 아이들의 기세에 어쩔 수 없는 상황이다. 사육상자를 새장 대신 쓰기로 하고 사육상자 안에 새를 살짝 내려놓았다.

파랑새는 그때야 자신이 어딘가에 갇혀 있다는 현실을 눈치채었는지 '포르르륵, 포르르륵' 사육상자 안을 날아다닌다. 그 안에서 날아봐야 날개만 아플 것임에도 쉬지 않고 날갯짓을 한다. 사방 30cm도 채 안 되는 공간에서 푸드덕거리는 것을 보니 안타까운 생각이 들었다. 아이들의 손바닥 위에 있을 때 휙 날아가 버리지….

사육상자 안에서 필사적으로 날갯짓을 하는 새를 보자 아이들의 마음은 벌써 요동이 일기 시작했다. 몇 아이는 새를 날려 주자고 하고, 다른 몇 명의 아이들은 그냥 키우자고 하면서 자기들끼리 실랑이를 벌인다.

마음 같아서는 당장 날려보내고 싶었지만, 참고 기다리기로 했다. 분명 아이들이 새를 날려 줄 것임을 믿었기 때문이다. 그 사이에도 새는 몇 번이나 사육상자의 철망벽을 향해 날갯짓을 했다. 어떻게 해서라도 자유를 찾으리라는 생각으로 온몸으로 싸우고 있는지도 모른다. 작은 새의 끝없는 날갯짓이 아이들 마음 속에도 전해졌는지 새를 날려주는 것이 좋겠다면서 새를 날려주자고 한다.

새가 있는 상자를 들고 운동장 쪽으로 걸어가는 나에게 한 아이가

"선생님, 운동장에서 날리면 새가 멀리 날지 못할지도 모르잖아요. 뒤뜰에 있는 나무 옆에서 날려 주는 것이 좋겠어요." 하는 것이 아닌가. 얼마나 기특한 생각인가? 어디에서건 날려 주기만 하면 된다는 나의 작은 생각이 부끄러워졌다. 아이들이 나의 스승이 된 것이다. 상자 안에서 날갯짓을 해대느라고 힘이 빠졌을 새의 입장을 벌써 그 아이는 알았던 것이다. 이게 바로 배려하는 마음이 아닌가?

뒤뜰의 작은 나무 옆에서 상자의 문을 살짝 열었더니 새는 푸른 잎이 무성한 사철나무가지 사이로 '포르르륵' 날아 들어갔다. 그것이

새의 마지막 작별인사였다.

아이들은 손뼉을 치며 좋아한다. 새가 무사히 날아가는 것에 대한 안도의 박수이다.

나도 마음 속으로 박수를 보냈다. '어디 가서든지 잘 살아.' 하고.

그날의 파랑새와의 짧은 만남은 지금도 잊어지지 않는다. 반짝이는 작은 눈망울과 꼭 다문 부리, 가냘프리만큼 가늘고 여린 발가락, 보드랍고 아름다운 깃털, 이 모두가 나의 가슴을 따뜻하게 해 주었기 때문이다. 잠시라도 좋으니 다시 한 번 나의 손바닥에 와서 살짝 앉았다가 가면 얼마나 좋을까 하는 생각을 해 본다.

하지만 그날의 파랑새는 다시 내 손에 오지 않을 것임을 나는 안다. 그래서 나는 또 다른 파랑새를 키우기로 했다. 그것은 바로 교실의 학생들인 것이다. 파랑새와 같이 순수하고 아름다운 우리의 학생들이 나에게는 파랑새와 다름없기 때문이다. 교실 안에 있는 파랑새들을 나는 사랑으로 보살필 것이다. 행여 다칠세라 파랑새를 살짝 감싸 안듯이 학생들의 꿈이 다치지 않게 조심조심 그들을 감싸 안을 것이다. 그들은 사랑스럽고, 귀하고 소중한 우리의 파랑새들이기 때문이다. 그들의 맑은 눈빛과 여린 가슴을 통해서 나의 가슴이 떨리고 따스해지는 행복을 느끼고 싶다. 한 마리의 파랑새를 안은 것처럼 말이다.

고마움의 유효기간

그날의 기쁨을 잊을 수가 없다.

3월 초부터 남편은 교육청 홈페이지를 기웃거리면서 은근히 기다리는 눈치였다. 장본인인 나도 마찬가지였지만 기대했다가 명단에 없으면 서운함이 클 것이기에 편안히 기다리기로 마음먹고 있었다.

그날도 다른 학교 교감선생님께서 먼저 알고 축하 전화를 해 주어서 알게 되었다. 도교육청홈페이지에 교감자격연수 대상자 명단에 내 이름 석자가 또렷이 눈에 띄었다. 너무 기쁜 탓인지 가슴이 쿵쾅쿵쾅 뛰어서 아무 말도 못하다가 '교감선생님! 제 이름도 올랐어요.' 했더니 벌떡 자리에서 일어나셔서 힘찬 악수로 축하를 해 주셨다. 여러 지인들이 축하뿐 아니라 평상시에 잊고 있었던 분들까지 축하해 주어서 분에 넘치게 고맙고 감사했다.

특히 선배 교장 교감선생님들께서 격려와 축하를 해 주실 때는 죄송스러움을 떨칠 수가 없었다. 그 분들이 승진할 때 축전은커녕 축하 전화도 못해드렸기 때문이다. 그분들은 나의 죄송스러워함에 오히려 자신들도 그런 축하를 받고 똑같은 생각을 했노라 했다.

선배님들께 승진축하인사도 제대로 못한 내 자신을 생각하니 이기적이고 속 좁게 살아온 것 같아 회한이 사무쳤다. 나와 인연이 닿았던 사람들에게 보다 적극적인 관심을 가지지 못한 것에 대한 자책감도 들었다.

과연 나는 인연을 소중히 여기고 관계를 잘 다스리고 있는지 되돌아보니 후하게 점수를 주기에는 부족함이 많다.

교직생활 중에서 만났던 수많은 동료 교사들과 교장, 교감선생님을 떠올리면 고마운 것이 너무 많다. 교직을 천직으로 여기며 보람을 찾을 수 있도록 해 주신 초임시절에 만났던 선생님, 학급경영이나 업무추진에 동료애를 발휘하여 공동체가 무엇인지를 몸소 실천하신 선생님, 인생선배로서 따뜻한 마음이 어떤 것인지를 가르쳐 주신 선생님들을 생각하면 한없이 고맙다.

눈앞에 안 보인다고 그 고마움이 사라지는 것은 아니다. 그분들에게 고마운 마음은 늘 갖고 있지만 그 마음의 표현을 다하지 못한 것이 못내 아쉽다. 그때그때 그 고마움에 대한 감사의 마음을 표현하지 못하면 나중에 하기는 쉽지 않다.

교직생활은 가르치는 학생들도 신경써야하고 업무처리도 해야 하는 특성 때문에 전에 함께 근무하던 선생님들에 대한 꾸준하고 지속적인 관심을 갖기가 쉽지 않다. 인사이동이 있을 때마다 새로운 환경에 적응하느라 이래저래 신경을 쓰다보면 전에 학교에서 함께 근무했던 선생님들과는 자연스럽게 소원해지는 것이 사실이다.

안보면 멀어진다는 말처럼 고마운 마음도 유효기간이 있다. 무엇이든 영원한 것은 없기 때문이다. 그 유효기간은 사람에 따라 다르다.

교감 승진 발령을 받았을 때의 일이다. 축하 화분 하나가 낯설었다. 나중에 알고 보니 17년 전에 같이 근무했던 김 선생님이 보내온 것이었다. 그 당시부터 나에 대한 고마움을 간직하고 있었는데 고마움을 표현할 기회를 찾다가 이번에 승진하셔서 기쁜 마음으로 화분을 보냈단다. 남이 들으면 믿거나 말거나이지만 나는 그 말을 믿고 싶었다. 나는 그 이후 그 선생님과 만날 기회가 주어지지 않아 선생님의 근황도 잘 모르고 있었는데 그 당시 처녀선생님이었는데 결혼도 하고 중학생 학부모가 되었다는 말을 들으며 17년 전에 근무했던 학교생활을 떠올렸다. 내가 특별하게 그 선생님께 잘해준 것도 없는데 이제 와서 이런 선물을 받으니 너무 행복하고 감사했다. 나에 대한 고마운 마음이 17년 동안이나 유효했다는 생각을 하니 나도 복 받은 사람이라는 생각이 들었다.

보통 사람들은 '빌려준 돈은 잘 기억하면서 갚을 돈은 쉬이 잊어버린다.' 는 말처럼 상대에 대한 고마움은 쉬이 잊어버리고 서운한 것은 오래 기억하는 법이다. 고마운 것에는 금방 익숙해져서 당연한 것처럼 여기고 남이 섭섭하게 하면 작은 일도 가슴에서 키우는 경우가 있다. 그렇지 말아야 함을 알려주는 말로 '고마움은 돌에 새기고 서운함은 모래에 새기라.' 는 말이 있다. 고마움, 감사함을 간직하고 세상을 사는 사람은 행복하다. 그리고 그 마음을 표현하며 사는 사람도 행복하다. 나는 과연 행복한가?

스승의 날을 보내며

스승의 날만 되면 촌지를 받은 교사를 들먹이며 교사들을 몰염치한 사람으로 몰아붙여 교사 기죽이기에 한몫을 했던 언론이 이번에는 어떤 내용으로 선생님들을 도마 위에 올릴 것인가? 스승의 날을 며칠 앞둔 어느 날 휴게실에서 선생님들과 나눈 이야기의 한 토막이다. 다행히도 올해 '스승의 날' 은 스승 존경 풍토를 만들겠다는 정부의 뜻이 발표된 탓인지, 언론사나 방송사에서도 예년에 비해 조용히 지나가는 편이다.

올해도 예년과 다름없는 스승의 날 행사를 실시했다. 어린이회 주관으로 선생님께 꽃 달아드리기, 선생님께 드리는 편지 낭송하기, 스승의 은혜 노래 부르기 순서로 의식은 끝났다. 이러한 의식이 스승존경 풍토에 얼마나 도움이 될 지 의문이다. 해마다 해오던 '1일 교사수업' 은 올해는 하지 않았다. 1일교사로 오시는 학부모님께도 부담이 되고 그 효과가 미미하다는 선생님들의 의견을 따른 것이다. 대신에 선생님께 고마운 마음을 편지로 쓰기, 고마우신 선생님 그리기 등 학년에 맞는 행사를 하고 오전수업으로 마쳤다.

아이들은 수업시간이 단축된 것에 마냥 신이 나서 싱글벙글 교실을 빠져나갔다. 아이들이 떠난 교실에는 밝은 햇살이 들어와 앉았다. 책상위에는 반 아이들이 가져온 장미 몇 송이와 작은 선물상자, 편지봉투들이 있다. 편지를 하나씩 읽어 보았다. 공부를 잘하던 아이, 숙제를 잘 해오지 않던 아이, 주의가 산만하여 마냥 철없이 굴었던 아이까지도 하나같이 '선생님의 가르침에 감사하고 고맙다.' 는 내용이었다. '이 다음에 커서 선생님과 같은 훌륭한 사람이 되겠다.' 는 다짐도 있다. 정성껏 써내려간 편지들을 읽노라니 아이들과 있었던 지난 일들이 그림처럼 스쳐갔다. 교사로서 그들에게 좀 더 많은 사랑을 나누어 주지 못한 일, 숙제 안 해 왔다고 잔소리 했던 일들이 부끄러워졌다. 하지만 한편으로는 나에게 이런 천진난만한 아이들을 가르칠 수 있는 소명을 주신 하느님께 감사드렸다.

점심은 동학년 선생님들과 이 천원짜리 국수를 배달시켜 먹었다. 자축파티인 셈이다. 오 '스승의 날' 이 왜 있는지 모르겠다는 푸념과 함께 오늘날의 교육현실에 대한 답답한 마음들이 터져나왔다. 교육개혁을 한다면서 교사들을 이래저래 불쌍하게 만들어 놓은 현실을 생각하면 가슴이 답답하지 않을 수 없다. 정년 단축이 몰고 온 교육현장의 긴장과 불안을 떨쳐버린다고 해도, 교사들은 학교 현장에서 '스승' 이 아닌 '지식전달자' 로 전락해 버린 현실에 좌절하고 있다. 한 나라의 입시제도가 너무도 쉽게 바뀌는 교육정책에 안타까워하고 있다. 더구나 과외 금지가 위헌이라는 헌법재판소의 판결로 인하여, 앞으로 공교육의 경시풍조는 더욱 가속화될 것임을 누구도 부인하지 못할 것이다.

학교교육을 다시 살리고 선생님들의 사기를 높일 수 있는 대책은 없는 것인가? 학교현장에서도 학생들의 다양한 욕구와 재능을 받아들여 특기와 적성을 살리는 교육을 하고 있지만, 얼마나 성과를 거두고 있는지 의문이다. 교육부에서는 교사의 자질을 높이고 학교의 물리적 환경을 바꾸는데 많은 예산을 쓰고 있는 것이 사실이지만, 보다 근본적인 해결책은 아니라고 본다. 교사들에게 학생들을 마음 놓고 소신껏 가르칠 수 있는 권한을 부여해 주어야 한다. 체벌 하나도 마음대로 못하고 이 눈치 저 눈치 보면서 학생들을 가르쳐야 하는 한 학교교육은 형식적일 수밖에 없다.

교사가 교육의 주체로서 학생이나 학부모로부터 신뢰와 존경을 받고, 교육당국으로부터 교사로서의 정당한 권한을 부여받을 때 진정한 사도師徒가 나오는 것이라며 이야기는 계속되었다.

내년 스승의 날에는 교사들에게 가르치는데 대한 정당한 권한이 부여되고, 그 속에서 스승으로서 존경받을 수 있는 사회적 분위기가 되었으면 하는 바램을 가져본다.

(2000년, 교육제주 여름호)

4부 _ 주니찌

주니찌

주니찌는 나의 막내 동생의 남편이름이다. 나의 막내 동생은 일본에 시집을 갔다.

대학을 졸업하고 직장을 다니다가 일본으로 어학연수를 다녀오더니 결혼을 하겠다는 것이다. 결혼할 나이에 꽉 들어찬 딸이 결혼을 하겠다니 부모님은 내심 기뻐하시너니만, 신랑감이 일본인이라는 말에는 뒷말을 잇지 못하시고 한참동안 말이 없으셨다. 그 만큼 서운함이 크셨다. 나도 마찬가지로 가슴이 아팠다. 연애는 일본남자와 했어도 결혼만큼은 한국 남자와 했으면 하는 것이 가족들의 바램이었지만, 동생의 마음은 이미 굳혀진 듯했다. 타국에서 혼자 지내며 가족과 고향을 그리워하던 시기에 둘은 만났단다. 일본 남자라서 선뜻 마음을 내보이지 않았는데 착하고 성실하여 점점 마음이 끌리게 되었고, 둘은 서로 결혼을 하기로 약속했던 것이다. 우리 형제들은 만날 때마다 동생의 마음을 돌려보려고 설득 아닌 설득을 했다. 풍습이 다르고 생활습관이 다른 일본이라는 나라에서 살붙여 살아가는 일이 얼마나 힘든 일인지를 말해 주고 싶었다. 몸이 아파 서글퍼질 때 부모형제의 따뜻한 말 한 마디와 병문안이 삶의 심지를 돋우는데 얼마나 큰 힘이 되는지 알게 해 주고 싶었고, 가끔씩 만이라도 가족끼리 만나 웃고 떠들며 술잔을 나누는 것이 우리의 가슴을 얼마나 따뜻하게 해 주고 행복의 체온을 높여주는 것인지를 느끼게 해 주고 싶었다. 육신이 늙어 죽음을 맞이했을 때 한 줌 흙으로라도 내 땅에 묻히고 싶은 것이 사람의 인지상정이라는 것을 알게 해 주고 싶었다. 그러나 막내 동생은 일본에 시집가도 행복하게 잘 살겠다며 주니찌와의 결혼을 허락해 달라고 언니들을 설득했다. 어찌 보면 사랑하는 남자와 결혼을 하겠다는 것이 당연한 일인데도 가슴이 답답하고 말이 안 통한다는 생각이 들었다.

'살아봐, 살아보면 알거다. 결혼생활이라는 것이 두 사람의 사랑만 가지고 척척 해결되는 것이 아님을…' 속으로 뇌까리면서도 순진한 동생을 나무랄 수는 없었다.

주니찌가 결혼 허락을 받으러 한국에 왔을 때의 일이다. 식구들이 결혼을 반대한다는 소식을 듣고 어떻게 해서든지 우리 가족을 설득시킬 요량으로 일본에서 온 것이다. 우리 쪽에서는 바다 건너 이국 땅에서 온 손님이기에 일단 만나서 우리 쪽 뜻을 전달하는 것이 도리인지라 부모님을 대신해서 형제들이 식당에 모여 그를 만나려고 기다렸다.

막내 동생과 함께 들어온 주니찌는 선한 눈매에 그리 크지 않은 보통 키에다가 유도선수처럼 탄탄하게 보이는 남자였다. 외모 상으로는 한국남자와 별로 다를 바가 없었다. 깔끔하게 차려 입은 양복이며 짧게 깍은 머리가 단정하고 예의 바른 남자로 비쳐져 첫 인상이 그리 나쁘지는 않았다. 우리 식구들을 만나서 긴장된 상황임에도 불구하고 미소를 잃지 않으려고 애쓰는 모습이 보기에 좋았다. 어색하고 서먹시먹해 하는 주니찌를 보며 막내 동생은 일본어로 상황 설명을 열심히 했다. 어떻게 해서든지 우리 형제들에게 좋은 점수를 받아야 하기에 동생도 간이 바싹바싹 마르는 것 같았다.

우리는 동생의 신랑감으로 주니찌가 적격자인지를 심사하는 심사위원이라도 된 듯이 저마다 한 마디씩 질문공세를 폈다. 질문의 요지는 동생을 행복하게 해줄 수 있는 지를 묻는 질문이었다. 주니찌는 그 때마다 "하이." 하고 확신에 찬 대답을 했다.

"하정이를 일본에 시 집 보 내 고 싶지 않은 마 음 을 저는 이해합니다. 그 러 나 한국 남자보다 더 하정이를 행 복 하 게 해 줄 려 고 노력하겠습니다. 저는 하정이를 사랑하고 있습니다. 저와 결 혼 하 게 해주십시오!"

서투른 한국말로 더듬거리면서도 또박또박 말하는 주니찌의 표정은 사뭇 진지했고 목소리에는 굳은 신념이 담겨 있었다. 그 말은 유창하게 한 말보다 몇 배 더 위력을 발휘했다. 저 말을 배우기까지 몇 번을 되뇌면서 연습했을 주니찌를 생각하니 눈물이 핑 돌았다. 사랑하는 연인을 위해 국경을 넘어 온 남자가 결혼 허락을 받기 위해 여자의 가족들 앞에서 자기나라 말이 아닌 연인의 나라 말로 절실하게 결혼을 허락해 달라고 간청을 하는 모습이 아름다웠다. 우리 가족들은 한참 말이 없었다. 그 틈을 놓칠세라 막내 동생이 한 마디 했다.

"언니들, 그리고 오빠, 일본에 시집가서도 행복하게 잘 살게요. 결혼하게 해 주세요!"

그 다음날 주니찌는 일본으로 돌아갔고, 우리 형제들의 결혼 반대 목소리는 얼음 녹듯 녹아 점점 사그라졌다. 부모님께서도 마지못한 척 하면서 '결혼 반대'가 '결혼 묵인' 쪽으로 가닥이 잡혀갔다.

얼마 후 주니찌는 그의 부모님을 모시고 다시 한국을 찾았다. 주니찌의 아버지는 우리나라와 일본과의 관계에 대하여 언급을 하면서 앞으로 두 가족이 서로 믿고 돕는 관계가 되도록 하자는 말로 인사말을 대신했고, 나의 친정아버지는 그러자고 응수를 해서 그 자리가 상견례 자리가 된 셈이다. 서로 웃으면서 술잔이 오고갔지만, 가슴 한 편에는 말 못하는 서운함이 자리했다. 애써 나의 속 좁은 결혼관(?)을 탓하면서 위로를 삼았다.

그 후 우리 동생과 주니찌 상은 한국에서 결혼식을 올려서 부부가 되었다. 일본에 신혼살림을 차려서 행복하게 사는 동생과 오늘은 통화를 했다.

"깨가 쏟아점지-이?"

"언니, 나- 요즘 맨날 주니찌랑 싸우멘-"

하는 전화 목소리에는 진한 그리움이 베어 나온다.

"야, 이 언닌 한국남자랑 결혼해도 싸우멍 튼으멍 살암쩌. 게난 다른 나라 남편하고 살멍 안 싸왕 살아지카부덴 햄시냐, 경허멍 다 사는 거여" 나의 넉살에 동생이 까르르 웃는다. 동생의 웃음소리가 태평양의 큰 파도가 되어 나의 가슴을 친다.

부모의 마음

"형님, 형님은 성공하셨네요."

집에 놀러온 올케의 입에서 나온 말이다.

"성공이라니, 무슨 성공?"

"형님네는 아들딸이 다 키가 크잖아요…."

듣고 보니 올케의 초등학생 딸이 키가 작은데 대한 걱정이 한께 실려 있는 말이다.

"내가 키웠나? 지들이 알아서 커 준거지…." 라는 말로 응수를 했지만 내심은 기쁘다. 나 자신이 키에 대하여 열등감을 가지고 있었음을 시인한 셈이다. 부모로부터 물려받은 몸이라 뜻대로 되지는 않지만 누구나 키가 크기를 열망한다. 초등학교 때까지는 키가 큰 편에 속하다가 중학교 때부터 나의 키는 잠을 자는지 감감 소식이 없었다. 사춘기를 맞으면서 찾아온 키에 대한 열등감은 성인이 된 이후에도 늘 따라다녔다. 키가 크고 늘씬한 여자들은 부러움의 대상이 되었고, 때로는 키가 작은 부모님을 원망하기도 했다.

자식들은 이것저것 부모를 닮기 마련인데 키만큼은 대물림하지 말았으면 하는 것이 나의 바램 중의 하나가 되었다. 우리 부모님 역시 그런 생각을 했을 것이다. 나의 아들딸의 키가 한국여자의 평균키에도 못 미치는 나를 닮았으면 올케의 입에서 '성공' 이라는 말은 안 나왔을 것이다.

시대가 변함에 따라 평균 신장이 커져가는 추세이니 자식들이 상대적으로 키가 작으면 부모들은 걱정될 수밖에 없다. 얼굴을 더욱 예쁘게 하는 것은 성형으로 어느 정도 가능한 세상이지만, 키를 크게 하는 일은 첨단 의술의 힘을 빌려도 쉽지 않다. 성장이 멈추기 전에 조금이라도 키를 크게 하려고 한약방이나 병원을 찾는 사람들이 많아지는 추세다. 내가 아이들을 키울 때만 해도 성장호르몬 주사가 있는지조차 모르고 지났는데, 요즘은 특별한 경우에는 성장호르몬 주사를 투여하기도하고, 키를 크게 하는 보약을 먹이기도 한다.

키가 작으면 어쩌나 하는 염려는 했지만, 그렇다고 키를 크게 하는 특별한 방책도 모르고 그저 아무거나 잘 먹게 만들려고 했을 뿐이다. 요즘 부모들처럼 몸에 좋다는 보약을 먹이지도 못했고 키를 크게 하는 성장호르몬 주사도 한 번 안 맞혔다. 그런데도 아들은 백 팔십, 딸도 백육십 센티미터를 넘겼으니 나로서는 그 정도면 감사하게 생각하는 데 정작 본인들은 그렇게 생각하지 않는다. 키가 더 컸으면 하는 것이다.

옛말에 '키 큰 사람은 속빈 강정과 같다.' 라는 말이 있다. 이 말은 키 작은 사람들이 스스로를 위로하는 방편으로 사용된 말일 수도 있겠지만, 큰 키만큼 속은 내실이 없음을 일컫는 말이다. 평균 신장이 커지는 것만큼 속도 그 만큼 더 내실 있게 채워지고 있는지는 한 번 생각해 볼 일이다. 점점 증가하는 학교폭력, 청소년 비행문제들만 보아도 키의 성장속도만큼 내면의 성장은 따라가지 못하고 있음을 알 수 있다.

요즘 부모들은 자녀의 신체적인 키를 키우기 위해서는 온갖 노력을 다하면서 보이지 않는 마음의 키를 키우는 데에는 소홀한 것이 현실이다. 고른 영양섭취로도 모자라 자녀의 키를 크게 하기 위해 병원을 찾는 사람들은 많지만, 자식을 어떻게 하면 올바르게 성장시킬 것인지에 대하여 함께 고민하고 행동하는 부모는 그리 많지 않다. 외모를 더욱 아름답게 해 주는 성형외과에는 돈을 쏟아 부으면서도 정작 내면을 채우는 일에는 시간이나 돈을 투자하지 않는다.

우리 아들딸뿐만 아니라 이 땅의 모든 아들딸들에게 외형적인 키는 그리 중요하지 않다고 생각한다. 그들에게 더 중요한 것은 세상을 지혜로운 눈으로 보고 앞길을 헤쳐 나갈 수 있는 능력이다. 도전하는 용기, 미래에 대한 비전을 향해 끝까지 정진하는 투지, 올바른 방법으로 목표에 이르는 정정당당함, 남을 따뜻한 시선으로 바라볼 수 있는 동정심 등의 성품을 갖는 것이 더 중요한 내면의 키라고 생각한다.

출근하는 엄마와 헤어지기 싫은 마음을 애써 참으며 "엄마, 빠이빠이!"라는 말로 하루를 시작했던 다섯 살 아들은 어느새 속이 깊은 믿음직한 청년으로 성장하였다. 어린 시절부터 고집스런 면이 있던 딸은 또래보다 일찍 홀로서기를 배워 먼 이국땅에서 지내고 있다. 미국에 있는 딸을 생각하면 가슴이 아려온다. 그것은 그리움보다 더한 안타까움 때문이다.

이제 다 커 버린 아들딸에게 엄마로서 해줄 수 있는 것은 그리 많지 않다. 특히 외형의 키는 다 커버렸고 내면의 키도 대견하게도 스스로 잘 키워가고 있다. 감사할 일이지만 부모의 마음에는 늘 아들딸을 위한 기도문이 맴돈다.

'저희 아들딸에게 자신의 앞길에 대하여 용기를 가지고 끝까지 정진하게 하소서. 특히 미국에서 혼자 힘들게 공부하는 딸에게 용기를 잃지 않게 하소서. 그들이 만나는 사람들이 서로에게 사랑과 믿음을 전하게 하여 사람으로 하여 상처받지 않게 하소서! 그래서 세상이 아름답고 따뜻하다고 느끼게 하소서!"

올케와 같이 키를 걱정하는 부모들은 지금쯤 어떤 기도를 하고 있을까?

칠순을 맞는 부모님

얼마 전에 같이 근무하던 선생님의 시아버지 칠순을 기념하는 아름다운 작은 음악회에 다녀왔다. 부모님의 칠순을 맞아 자식들이 마련한 음악회다. 다른 음악회와는 달리 부모님을 위하여 큰아들부터 작은 아들, 딸, 며느리, 손자, 손녀들이 직접 출연하여 노래도 하고 율동도 하는 인상적이고 감동적인 음악회였다. 외부 합창단의 합창으로 막을 열었고, 성악을 하는 큰 아들의 독창에 이어 아들형제들의 중창이 우렁차게 울려 퍼졌다. 이어서 열다섯이나 되는 손자 손녀들이 노래하면서 귀여운 율동으로 무대를 가득 채워 보는 이들로 하여금 입을 다물지 못하게 했다. 다음에는 여섯 아들과 두 딸 부부들이 나와 멋진 합창을 들려주었고 마지막에는 온 가족이 모두 다 합창을 하는 가운데 케이크가 무대 가운데로 나오고 주인공 부부도 함께 한 마음으로 노래를 불렀다. 케이크를 자르고 기념사진을 찍고 나서야 주인공 부부를 가까이에서 뵐 수 있었다. 주인공은 아들 여섯 딸 둘을 모두 훌륭히 키우신 어느 교회의 장로님이셨다. 여덟 남매를 키우느라 눈물 참았을 날이 많았을 텐데도 곱게 늙으셨고 행복해 보이셨다. 자식 키우느라고 고생하셨다는 말을 전하자 하느님이 알아서 키워주셨다면서 밝은 미소로 화답하셨다. 어려움 속에서도 자식들이 모두 훌륭하게 잘 커준데 대한 감사함을 그렇게 표현했을 따름이지, 자식 여덟을 키우면서 어찌 가슴이 젖지 않았으며 허리가 휘지 않았으랴. 이제는 다 키워서 손자 손녀를 보게 되었지만 그 동안의 어려움이야 부모의 가슴 속에 흑백 사진처럼 남아 있을 것이다. 팔 남매를 잘 키우신 어르신의 고생을 헤아리다 보니 친정 부모님 생각이 뒤따라 좇아 나온다.

우리 부모님은 딸 여섯, 아들 하나를 낳아 키우셨다. 내가 고등학교에 다닐 때까지도 순전히 농사지어 그 돈으로 교육을 시켰으니, 부모님의 고생이 오죽하였을까. 새벽녘부터 밭고랑을 누벼야 했고, 뙤약볕 내리쬐는 날에는 밭모퉁이 나무그늘에서 어린 동생에게 젖을 물리시던 어머니, 하루 종일 밭일을 하셨어도 피곤한 기색을 감추고 씩씩하게 집으로 돌아오시던 어머니. 그때의 기억으로는 우리 집이 가난한 집은 아니었는데도 어머니께서는 한 푼이라도 아끼려고 책가방이며, 치마, 운동회 날 신을 덧버선 등을 손수 만들어 주셨다. 아버지께서는 학용품 값을 달라고 하면 알사탕 하나 값도 더 얹어주지 않고 꼭 그 돈만 달랑 주셨다. 그 만큼 절약이 몸에 밴 분이시다. 어찌나 엄격하셨던지 학교 가는 시간, 오는 시간을 정확히 계산하셔서 도중에 한 눈 팔지 못하도록 하셨다. 학교에서 돌아오는 길에 친구들과 고무줄놀이라도 하다가 오는 날이면 어김없이 회초리를 드셨다. 돈 부자가 아니라 일 부자였던 우리 집은 늘 일하지 않은 날이 없었다. 항상 일손이 부족한 터라 어머니는 일요일날을 기다리셨고, 나는 일하기가 싫어서 일요일에는 비가 오기를 빌었다. 어쩌다 나의 기도가 통해서 비라도 오면 그날은 우리 가족이 모두 집에서 웃고 떠드는 날이 되었고 부모님도 모처럼 쉬는 날이 되었다.

올해 친정아비지가 칠순을 맞는다. 몇 년 전까지만 해도 큰딸인 나와 함께 다니면 오누이 같다는 말을 듣기도 했는데, 요즘은 그런 말을 해 주는 사람이 없다. 매사에 성실하고 고지식한 분이라 자식들에게도 엄격하셨던 아버지가 전보다 많이 너그러워진 것 같아 한 편으로는 아버지가 점점 더 좋아지긴 하지만 아버지의 기세가 약해지는 것이 늙음과 비례한다는 생각을 하면 가슴이 아프다. 어머니는 젊은 시절 몸을 아끼지 않고 일한 탓에 여기저기가 쑤시고 저리지만, 그나마 몸져눕지 않으시니 감사하다. 틈만 나면 자식들을 위한 먹을거리를 장만하시는 어머니는 아직도 다 퍼주지 못한 사랑이 남으셨는지 늘 바쁘다. 이제는 편히 지낼 만도 한데 한시도 쉬지 않으시니 몸에 밴 부지런함은 쉽게 버릴 수가 없나보다.

얼마 전까지만 해도 두 분이 서로 목소리를 높여 자신의 위치를 고수하려던 그 열정이 다 어디로 가셨는지 요즘은 두 분 사이가 더욱 애틋해진 것 같아 보기가 참 좋다. 하기야 50년을 쌓아온 부부의 정이 어디 가겠는가? 그동안 티격태격 다투기도 하셨지만, 그때마다 고운 정, 미운 정이 치료약이 되었을 것이다.

돌아오는 부모님의 칠순잔치 때는 어떤 멋진 이벤트로 부모님을 기쁘게 해드려야 할지 지금도 생각 중이다. 일곱 남매의 머리를 짜면 작은 음악회 못지않은 아름다운 칠순 잔치가 되리라 믿는다.

감귤 서리

12월 중순인데도 애월읍 중산간 도로 옆 과수원에는 채 따지 못한 귤들이 노랗게 달려있다. 귤 농사를 짓는 사람들에게는 11월과 12월이 1년 중 가장 바쁜 달이기도하다. 그 만큼 귤을 따는 일에 많은 일손이 들어간다는 뜻이다. 하나하나를 가위로 따서 꼭지를 자르고 상자에 담는 일이 작은 일이 아니다.

일주일 동안 학교 기숙사에서 지내다가 주말에 하루 집에서 지내다 다시 기숙사로 들어가는 딸을 태우고 애월읍 중산간 도로를 달리는 중이었다. 한국의 고등학생들 대부분이 그렇듯이 학교생활이 그렇게 즐겁지만은 않은 딸에게 어머니는 딸의 스트레스를 희석시켜 보려고 어린 시절 이야기를 풀어놓는다.

어머니의 초등학교 시절에는 지금처럼 온주 밀감이 흔하지 않은 때였어. 우리 동네에는 초가지붕보다 더 높은 큰 귤나무가 있었는데,

그 나무에는 탁구공보다 조금 작은 동글동글한 노란 귤이 주렁주렁 잘도 열렸지. 우리는 그 나무를 '산물 낭' 이라 불렀는데, 홍귤이나 진귤나무를 일컫는 '산귤나무' 를 '산물 낭' 이라고 불렀던 것 같아. 산물은 지금의 금감하고는 모양이 조금 다르단다. 향이 강하고 모양은 제주의 유자모양인데 크기가 탁구공보다 조금 작은데 요즘은 그 귤을 통 볼 수가 없어. 그 안은 씨가 반을 차지하고 속살은 얼마 안 되었지만, 하나를 통째로 아작아작 씹으면, 신맛과 짙은 귤 향기가 온몸으로 퍼져 그 시절에는 정말 맛있는 과일이었지. 주전부리 할 것이 별로 없던 시절이라 열매의 초록물이 다 빠지기도 전에 우리는 그 열매를 보며 입맛을 다셨어. 하지만 나무의 키가 지붕을 넘었을 뿐만 아니라, 동네사람들 눈 때문에 바라보는데 만족해야 했지. 그러면서 그날을 기다리는 거야. 그날이 언제냐고? 친척집 제삿날이지. 그날이 바로 그 산물을 따먹을 수 있는 절호의 기회였기 때문이야.

제삿날은 초저녁부터 노랗게 달린 산물에 눈독을 들이지만, 주인이 잠이 들 때까지 아이들은 기다릴 수밖에. 드디어 주인집 창문에 불이 꺼지고 주위가 조용해지지. 늦은 밤이라 지나는 사람도 없지. 그래도 몇 아이는 아래에서 망을 보고 나무에 잘 오르는 나와 사촌은 돌담을 사다리 삼아 살금살금 나무로 올라가 달빛 속에서 어른어른 잡히는 열매를 닥치는 대로 따서 주머니에 담는 거야. 나무 아래에서 눈이 빠지게 기다리지만, 내 주머니가 다 찬 후에야 아래로 던지지. 나무에서 내려오면 양쪽 주머니가 불룩했어. 서리한 산물을 가지고 동네 어귀로 모여든 아이들은 뭔가 큰일을 해낸 듯한 뿌듯한 기분으로 서로를 바라보며 서리한 산물을 맛있게 먹었어. 희미한 달빛은 그걸 다 보았으면서도 차마 주인에게 고자질은 못했지. 일 년에 딱 한 번 그 제삿날만 그랬으니까.

어느 해엔가는 집 주인이 눈치를 채서 호통을 치자 엉겁결에 내려오느라 온몸이 나뭇가지에 긁히는 영광의 상처(?)를 입은 적도 있단다.

차는 어느새 항파두리 입구를 지났다. 중산간이라서 차들이 없다. 매주 한 번씩은 이 길을 오가다보니 조금은 익숙해진 길이지만, 어스름이 내려앉아 곧 밤이 될 시간이라 시야가 어둡다. 안전 운전을 위하여 라이트를 켰다. 침침하던 차 앞이 환해지면서 시야가 넓어진다. 그런데 불빛 앞에 노란 귤들이 길바닥에 나뒹굴고 있는 것이 보였다. 주변을 살폈더니 길 옆 과수원 입구에 쌓아두었던 귤 상자가 쓰러지면서 귤이 와르르 쏟아진 것이다. 어두컴컴한 과수원에는 인기척이 없다. 주인은 이미 집으로 간 듯하다. 주인에게 알릴 도리도 없고 그냥 지나치자니 마음이 편치 않았다. 아까운 귤이 길바닥에서 차바퀴에 깔릴 것을 생각하니 나 몰라라 할 수가 없었었다.

어머니와 딸은 나뒹구는 귤을 주섬주섬 주워서 상자에 담는다. 귤의 크기가 고르지 않고 껍질이 두껍고 매끄럽지 않은 걸로 봐서 '비상품' 귤임에 틀림이 없다. 비 상품이라서 이렇게 무심히 길에다 쌓아놓고 갔나 싶었다. 보기에는 맛도 없을 것 같았다. 만약 상품이었다면 과수원 안에다 잘 보관했을 것을. 그러나 탱탱한 귤의 촉감과 향긋한 냄새가 침샘을 자극했다. 오돌토돌한 껍질을 벗겨내고 반쪽은 딸의 입에, 다른 반쪽은 어머니 입속으로 들어갔다. 신맛과 단맛이 적당히 어우러진 상큼하고 달콤한 맛이 그 만이다. 맛으로만 따진다면 분명 상품이 되고도 남을 만큼 맛이 일품이었다. 단지 모양새가 곱지 않다는 이유 때문에 상품에서 제외된 귤임을 알 수 있었다. 먹어보기도 전에 미리 맛까지 넘겨짚었던 어머니는 무안해진다.

요즘에는 귤도 크기로만 상품을 구분하는 것이 아니라 맛(당도, 산도)까지 검사한다고 하지만, 우선은 크기를 먼저 보는 것이 사실이다. 우신 모양새에서 합격을 받아야 상품으로 팔릴 수 있는 확률이 높아진다. 겉모습보다는 그 안에 든 내용물이 더 중요하다고 말을 하면서도 '보기 좋은 떡이 먹기도 좋다.' 는 말처럼 귤을 고를 때는 모양이 예쁜 귤에 손이 먼저 간다. 맛이야 차후에 일이고 크기가 고르고 피부가 고운 놈을 골라 사고 싶은 것이 소비자의 일차적 심리이다. 사람도 그렇다. 그 사람의 됨됨이를 알기 전에는 우선 외모를 보고 판단하기 마련이다. 입사시험에서 그 사람의 껍질이 아닌 내용을 알아보기 위한 다양한 평가방법이 등장하고 있지만, 아직도 우리 사회는 외모지상주의에 젖어있다. 지면이나 화면을 통한 수많은 성형 광고와 다이어트 열풍만 봐도 알 수 있다.

모양도 합격, 맛도 합격이면 얼마나 좋으련만, 모양에서 탈락한 귤들이 '비 상품' 이라는 명목으로 '파치' 로 둔갑하는 세상이 되어 버렸다. 일에도 형식과 내용을 모두 갖추는 것이 더없이 좋으련만, 그렇지 못할 때는 형식보다는 알맹이가 더 중요하지 않은가? 그렇다면 귤도 모양보다는 맛이 우선이 되어야 하지 않을까? 귤의 모양도 중요하지만, 귤맛을 좋게 하는 데 더 노력을 기울일 수 있도록 맛으로 승부하는 귤 농사의 풍토를 만들어 나가야 하지 않을까하는 생각을 해본다. 그러면 귤 표면을 곱게 하기위한 지나친 농약사용도 줄어들 것이 아닌가. 좀 크면 어떻고 작으면 어떤가! 맛이 좋으면 그만이지.

전에 귤 농사를 지으셨던 부모님께서도 피부가 고운 귤은 상품으로 내다 팔아야 한다면서 못 먹게 하셨고 대신 못생긴 귤을 따로 모아 두었다가 먹도록 했다.

물건의 가치를 돈의 가치로만 계산하면 팔리지 않은 물건은 쓸모없는 세상이 되어 버린다. 어떤 물건, 어떤 사람도 그 나름대로 값어치가 다 있는 법인데 말이다.

길바닥에 나뒹굴던 귤이 거의 상자 안으로 들어갔다. 마음이 한결 편안해졌다. 어머니는 귤을 양손가득 담고 와서 차에 있는 딸의 가방 속으로 쑤셔 넣는다. 크기가 커서 몇 개 안 되었다. 딸은 '엄마, 남의 물건인데 그래도 돼?' 하고 묻는 표정이다. 어머니는 대답대신 어린 시절 사촌들과 함께 산물을 서리했던 장면을 떠올리며 빙긋이 웃기만 한다. 다시 운전대를 잡은 어머니는 아무 일도 없었다는 듯이 '음, 정말 맛있는 귤이다. 그지?' 하면서 딸아이의 생각을 흩어내 버린다.

얼마 후 차는 학교 앞에 다다랐고, 딸은 간단한 작별 인사를 한 후 작은 여행용 가방을 끌고 기숙사로 들어간다. 가방 안에는 책 몇 권, 약간의 간식으로 비스킷, 그리고 어머니가 조금 전에 길거리에서 서리한 귤 여섯 개가 담겨 있다.

돌아오는 길에 어머니는

'주님, 제가 남의 귤 몇 개를 허락도 없이 가져갔습니다. 길바닥에 나뒹구는 귤을 주워준 대가라고 생각하고 용서해 주십시오.' 하면서 묵주를 돌린다.

도시락 반찬

미국에서 대학 다니던 딸이 방학을 맞아 일 년 만에 집에 왔다. 석 달이 조금 넘는 긴 방학이라 집에 오기 전부터 취직자리를 물색했는지 온 다음날 면접을 갔다 오더니, 다음날부터 출근을 하게 되었다고 좋아했다. 소위 인턴(?)사원으로 취직한 셈이다.

그동안 학교 공부하느라 힘들었던 것을 생각하면 집에서 당분간은 널브러져 쉬고 싶을 법도 한데 오자마자 일자리를 구해서 출근하는 모습을 보니 대견했다. 사회생활의 쓴맛 단맛을 겪어 볼 기회이기에 잘 됐다는 말로 격려해 주었다.

월급이 많거나 적거나 스스로 벌어서 쓰겠다는 그 마음이 예쁘기도 하고 한 편으로는 고맙기까지 했다. 공부하는 자식이 용돈 달라고 손 내밀면 별 수 없이 주어야 할 판인데 단기간이라도 취직을 했으니 다행이다 싶었다.

그동안 학비와 생활비를 보내기 위해 부모가 허리띠를 졸라매고 있다는 사실을 잘 알기에 미리 알아서 일비지력을 보태는 것이다. 달러환율이 10원만 오르내려도 일비일희하는 처지가 되다보니 딸의 취직은 원군을 얻은 것과 같았다. 더구나 그동안은 생활비를 보내지 않아도 되고, 딸과 대면하여 함께할 작은 재밋거리들을 생각하니 마음이 들떠서 괜히 기분이 좋아진다.

출근 3일째 되는 날 퇴근하고 돌아온 딸이

"엄마, 나 오늘 도시락 싸고 갔어요." 라면서 도시락 가방을 내려놓는다.

"도시락을 싸고 갔다고? 반찬은?"

"김치와 마늘장아찌, 된장!"

그 말을 듣는 순간 머리가 띵(?) 하면서 마늘장아찌와 김치, 된장이 올라간 아침식탁이 떠올랐다. 이것들은 우리 집 식탁에 자주 올라가는 단골 메뉴들이다. 텃밭에서 가꾼 마늘로 장아찌를 담갔고, 상추는 요즘 거의 매일 뜯어다 쌈을 싸서 먹기도 하고 샐러드를 만들어 먹기도 한다. 어찌 보면 무공해 자연식품이라고 할 수 있지만 도시락 찬은 아니다 싶은 생각에서

"요즘 시대에 마늘장아찌, 된장을 도시락 반찬으로 싸가는 사람이 어디 있니~?" 했더니

"왜? 어때…? 내가 먹는 건데…."

그 짧고 간결한 대답이 신선한 충격으로 다가와 굳어진 나의 체면의식을 깨웠다. 한갓 도시락 반찬에서 비롯된 대답이었지만 딸의 의식세계를 알 수 있는 말이다. 남이 나를 어떻게 볼까하는 생각에서 벗어나 자유의지대로 행할 수 있는 성숙한 사람이 되었다고 생각하

니 딸이 더 멋있어 보였다.

우리가 살아가는데 하루의 일상에서부터 시작해서 길게는 인생전체를 돌아볼 때 남을 의식하지 않고 온전한 자유의지에 의해 행하는 일들이 얼마나 될까? 옷을 입어도, 가방을 들어도 남을 의식한다. 타고 다닐 자동차를 구입할 때도 남이 나를 어떻게 볼까라는 생각에서 자유롭지 못하다. 나 자신도 비싸고 좋은 차를 타고 다니는 사람을 보면 '아, 저 사람은 집이 부자인가보다.' 하고 생각한다. 물론 그럴 수도 있고 그렇지 않을 수도 있지만 일반적인 사람들은 그렇게 생각한다. 특히 한국사회에서는 아직도 어떤 집에 사느냐? 어떤 차를 타느냐? 에 따라 그 사람을 판단하는 경우가 많다.

사람은 사회적 동물이기에 누구나가 남이 나를 어떻게 볼까하는 생각은 다 가지고 있다. 단지 그런 의식이 얼마나 많고 적으냐의 차이가 있을 뿐이다. 그게 과하면 병이되고 자신의 삶을 남의 잣대에 맞추기 때문에 허무한 삶이 되는 것이다.

남이 나를 어떻게 볼까를 염두에 두고 나의 삶을 포장하기보다는 나의 본질을 제대로 알고 진솔하게 사는 삶이 더 값지다. 틀에 박힌 생각, 우리 안의 고정관념들이 주변에 벽을 쳐서 행동이나 생각을 가로 막고 있는지 생각해 볼 일이다. 체면 때문에 속병을 앓기보다는 현실을 직시하고 그 안에서 삶을 즐기는 편이 훨씬 낫다.

그날 딸의 도시락 반찬이야기를 듣고 마음 속으로는 회사 사람들이 도시락반찬에 신경도 안 쓰는 엄마라고 생각하지 않았을까? 하는 조바심이 잠깐 스쳤지만, 딸의 당당한 대답에 사라지고 말았다. 그날 이후 도시락 반찬에 엄마의 정성까지 담으려고 노력하고 있다.

지금도 된장 도시락 반찬에 대한 딸의 명쾌한 대답을 생각하면 시원하고 달콤한 박하사탕을 먹는 것 같아 기분이 좋아진다. 된장을 도시락 반찬으로 싸갈 수 있는 진솔함이 있다면 앞으로의 삶도 그러하리라고 믿기 때문이다.

어머니표 쑥 버무리

푸르칙칙한 색깔에 너덜너덜한 모양새를 보니 세련된 모습과는 영 거리가 멀다. 정신 못 차린 처녀의 머리카락처럼 밀가루와 뒤엉켜 한 몸이 되었다. 한 점 손으로 뜯어 입으로 가져가면 그 향기가 입 안 가득 퍼지면서 달콤한 맛이 일품이다. 자꾸 뜯어 먹다보니 벌써 접시가 비었다. 빵집에서 예쁘게 구워낸 빵도 아니요, 떡집에서 쪄낸 떡도 아니다. 그것이 무엇인고 하니 바로 나의 어머니표 쑥 버무리이다.

어머니는 쑥 버무리를 참 맛나게 잘 만드신다. 어느 누가 만든 것보다도 어머니가 만든 쑥 버무리가 제일 맛이 있다. 내가 어렸을 때는 쑥 버무리가 맛있는 줄을 몰랐다. 입맛은 나이에 따라 바뀐다고 하더니 맞는 말인 것 같다. 나이가 들수록 어머니가 만든 음식 하나하나가 짱이라는 생각이 들 때가 많다. 쑥 버무리도 그 중의 하나다.

어머니는 봄기운을 타고 쑥잎이 올라올 때를 기다렸다가 향이 농익을 즈음에 쑥을 캐신다. 깨끗이 씻은 후 밀가루와 함께 훌훌 묻히면 쑥의 젖은 몸에 밀가루가 달라붙어 하얀 쑥 덩어리가 된다. 쑥과 밀가루가 한 몸이 된 것을 시루에다 담고 쪄내면 맛있는 어머니표 쑥 버무리가 된다. 어떤 이는 쌀가루를 묻히기도 하지만 어머니는 쌀가루보다 밀가루가 더 맛있다며 밀가루를 쓰신다. 갓 쪄낸 쑥 버무리를 이웃에게 나르고, 자식들에게 나누다 보면 정작 당신이 드실 것은 얼마 남지 않는다. 어머니는 처음부터 당신이 드시기보다 여기저기 나누어 주실 생각으로 그 일을 하신다.

쑥은 쑥떡, 쑥국, 쑥차 등 어디에서나 고유한 향을 잃지 않는다. 생명력이 강하여 어떤 땅에서도 잘 자라고 세파에 시달려도 강하게 살아남는 것이 쑥이다. 온갖 약재료에도 쑥은 유용하게 사용된다. 5월 단오에 캔 쑥이 몸에 좋다하여 어머니는 며칠 전부터 쑥 캘 준비를 하였다가 그 날을 전후하여 어김없이 쑥을 캐신다. 삶은 쑥은 봉지에 넣어 냉동실에 보관하였다가 때때로 쑥 버무리도 만들고 쑥 개떡도 만드신다.

어느 날은 어머니께서 쑥개떡을 만들어 부엌 가득 차반에 늘어놓고 식히고 계셨다. 평소보다 양이 더 많았다. 알고 보니 일본에 사는 막내딸이 출산하러 한국에 왔다가 일본으로 돌아가게 되자 일본에까지 보낼 마음으로 그렇게 많이 만드신 것이다. 자식들만 해도 일곱에다, 이웃까지 하면 나눌 곳이 열 곳이 넘는다. 어머니는 그렇게 자식 사랑을 손수 만든 음식으로 전하신다. 어머니의 속 깊은 사랑과 함께 그윽한 쑥 향기가 서울을 비롯한 일본 땅에까지 퍼질 것이다.

어머니께 전수받아야 할 것들이 한두 가지가 아니지만, 어머니께서 더 나이 드시기 전에 쑥 개떡과 쑥 버무리를 만드는 법을 전수받아야 할 것이다. 간단한 것 같지만 소금, 설탕, 밀가루의 양 조절이 중요하단다. 어머니는 쑥을 캘 때부터 당신의 만든 음식을 나누어 줄 기쁨을 생각하신다. 허리가 편치 않아 수술을 받으신 후에 좀 편안히 지내도 될 터인데, 늘 뭔가를 만들어 나누어 주는 기쁨을 마다하지 않는다. 나는 그런 어머니가 쑥을 닮았다고 생각한다. 어머니의 생활력이 끈질지게 잘 자라는 쑥과 닮았고 작은 것도 이웃과 함께 나누는 생활이 쑥 향기처럼 아름답다고 생각한다.

요즘 중국의 분유에서 시작된 멜라민의 충격이 우리나라에서 판매되는 몇몇 식품에도 들어있다는 소식이 우리를 놀라게 했다. 가게에서 파는 식품에 대한 믿음이 점점 사라지고 있다. 과자 하나를 사면서도 '혹시 이것도 멜라민 들어있는 것 아니야?' 하는 의구심을 가지게 된다. 아이들에게 무엇을 먹여야 할지 걱정을 하는 어머니들이 많다. 돈만 있으면 어떤 간식거리도 살 수 있는 시대지만, 어머니의 정성이 들어간 음식이야 말로 자녀들에게 보약이 된다고 생각한다. 우리 어머니가 만들어 주시는 쑥 버무리는 나에게는 보약이다. 어머니의 사랑과 정성만한 보약이 또 어디 있을까? 돈 주고 쉽게 사먹는 음식에 비할 바가 못 된다.

시대가 바뀌어도 우리의 토속적 음식은 사라지지 않아야 할 것이다. 우리 스스로가 그런 토속적인 음식들을 즐겨 만들어 먹을 때 그 음식의 맥도 이어질 것이다.

마지막 남은 쑥 버무리 한덩이를 입에 넣으며 어머니의 사랑을 깊이 느낀다.

조개죽

2006년 1월 1일 고등학생 딸을 외국으로 보냈다. 교환학생으로 미국으로 가게 된 고2학년 딸은 가기 전날에야 겨울방학을 했고, 밤새 짐을 꾸리느라 잠도 제대로 못 잔 상태에서 아침 첫 비행기를 타게 되었다.

멀고 먼 이국으로 딸을 혼자 떠나보내는 어미의 마음은 뭐라 말할 수 없을 만큼 서운했다. 국제선을 타는 인천공항까지 만이라도 같이 가고 싶었지만 그러지 못해서 더욱 안타까웠다.

미국에서 사려면 그게 다 돈이다 싶어 필요한 것을 챙기다보니 가방 두 개에 나누어 담은 짐의 무게가 40kg이 넘었다. 40kg까지는 짐으로 부칠 수 있다기에 짐으로 부치고, 이동 중에 꼭 필요한 물건들은 배낭에 넣어서 지고, 노트북과 카메라를 어깨에 메었다. 마치 전투장으로 가는 무장한 군인의 모습이 연상되어 가슴이 싸했다. 낯선 외국생활이 그 아이에게는 전투나 다름없으리라.

공항에서 떠나는 딸의 뒷모습을 보자 목이 메어 눈물이 났다. 어릴 때부터 고집이 있어 자기가 하고 싶은 일은 꼭 하고야 마는 성격이라 가끔은 티격태격도 했지만, 생각이 깊고 이해심이 넓은 딸이다. 직장 다니는 이유와 나의 천성 때문에 키우면서 아기자기한 사랑표현을 자주 못한 것이 후회되었다. '있을 때 잘 해' 라는 말이 맞다. 언젠가 그녀가 나에게 한 말이 생각났다.

"엄마는 내가 정말 필요로 할 때는 내 옆에 없었어." 그 말을 듣고 나는 얼마나 가슴이 아팠는지 모른다. 내 딴에는 최선이었지만 딸의 생각은 달랐던 것이다. 소풍이나 운동회 때도 할머니, 이모가 엄마를 대신했으니 그런 말을 할만도 하다.

공항을 나서자 더욱 눈물이 쏟아졌다.

남편의 얼굴에도 서운함이 가득하다. 아비라고 다르겠는가. 어쩌면 남자라는 이유로 눈물을 참고 있는 지도 모른다. 줄곧 눈물을 훔치는 아내의 마음을 달래기 위한 최선책인가. 공항을 빠져나온 차는 한동안 어디론가 목적도 없이 달렸다. 차는 어느새 동부 산업도로를 달리고 있고 내 마음도 조금 진정이 되었다. 눈물은 그쳤지만 딸의 탄 비행기의 여정을 생각하며 무사히 도착하기만을 빌었다. 1월 1일이라 오름에서 희망찬 새해를 맞이하는 사람들이 있건만, 내 마음은 딸에 대한 걱정으로 무겁기만 했다.

성산포 시흥리에 있는 '해녀의 집' 에 이르렀을 때는 해가 중천을 지날 무렵이었다. 그 집의 대표메뉴는 조개죽이다. 가끔 이 집에 일부러 들러서 조개죽을 먹곤 했다. 이 집의 조개죽은 정말 맛이 있다.

시흥리 해녀들이 직접 바다에서 잡아온 신선한 조개로 죽을 끓였기에 맛의 깊이가 더하다. 장삿 속이 아닌 정성어린 어머니의 손맛이 느껴지는 곳이다. 조개죽 한 숟가락을 입에 넣으면 조개의 특유한 시원함과 고소함이 쌀과 잘 어우러져 사르르 감칠맛이 입 안 가득 퍼진다. 입맛이 없을 때도 조개죽은 쑥쑥 잘 넘어간다.

식당 안에는 벌써 새해 첫날 해돋이를 보기위해 새벽에 나선 사람들로 부산했다. 가족과 또는 동료들과 맛있게 조개죽을 먹는 모습을 보니 모두가 행복해 보였다.

조개죽 두 그릇이 식탁위에 놓여졌다. 숟가락으로 조개죽을 한 숟갈 떠서 입으로 가져갔다. 그런데 이게 웬일인가? 그렇게 맛있던 조개죽이 아무런 맛도 없는 게 아닌가? 억지로 수저를 들었지만 그 맛있던 조개죽 맛이 아니었다. 목구멍 밑 가슴이 답답하여 조개죽을 삼킬 수가 없었다. 나의 식욕이 먹기를 거부한 것이다. 시시각각으로 딸아이의 항로를 생각하며 목적지까지 가는 비행기를 혹시 잘못타지는 않을까? 짐을 잃어버리지는 않을까? 별별 생각이 머리를 가득 채워 아무것도 먹을 수가 없었다. 먹지 못한 조개죽을 포장하여 집으로 가져왔다. 그날 하루는 어떻게 시간을 보냈는지 모른다. 한밤중에 딸아이의 전화는 이제 최종 목적지로 가는 비행기를 갈아탈 거라며 걱정하지 말란다. 그 전화가 가슴을 짓누르던 체증을 조금 덜어주었지만 밥도 쓰고 아무것도 먹고 싶은 게 없다.

다음날 오후에 딸아이에게서 전화가 왔다. 홈스테이 가족이 공항까지 마중을 나왔고 함께 그 집에 잘 도착하였다는 내용이다. 이번에는 너무 기뻐 눈물이 났다. 그리고 그곳 홈스테이 주인이 너무 고맙고 감사했다. 더구나 도착하는 날이 바로 딸의 생일이어서 그 가족들이 생일 케이크를 손수 만들어 축하해 주었다는 말을 듣고는 더욱 고마웠다. 이제는 한시름 놓았다는 생각이 들면서 가슴 한 쪽에 자리잡았던 무기운 것이 눈 녹듯이 사라지자 배가 고팠다.

조개죽, 포장해 온 조개죽이 생각났다. 조개죽을 한 숟갈 떠 입으로 가져갔다. 이 맛이야, 저절로 탄성이 나올 정도로 맛이 있었다. 단숨에 조개죽 한 그릇을 비웠다.

2010년이 밝았다. 그때 고등학생으로 미국에 건너간 딸이 어엿한 대학생이 된 지 2년째이다. 1월 2일 오늘이 딸아이의 생일이다. 힘들게 공부하는 딸의 목소리를 듣는 것으로 생일축하를 대신했다. 이번 여름 방학 때 딸이 오면 성산포 시흥리 '해녀의 집' 에 가서 조개죽을 함께 먹고 싶다.

초등학생 할머니

요즘은 평생교육의 시대다. 마음만 먹으면 언제 어디서나 배울 수 있는 기회가 많은 시대에 우리는 살고 있다. 사이버 공간에서뿐만 아니라, 지역사회의 기관, 단체에서도 각종 교육프로그램을 제공하고 있다. 그 만큼 우리시대가 삶의 질 향상을 위해 노력하는 사람들이 많아졌다는 뜻이기도 하다. 돈을 내고 배워야하는 경우도 있지만, 무료로도 배울 수 있는 기회가 많다. 자원봉사자들의 도움으로 50~60대의 할머니들이 공부하는 재미에 빠져 즐거워하는 모습을 방송에서 종종 본다. 배움의 즐거움은 가르치는 기쁨 못지않기에 늦은 나이에 공부를 시작했다는 것 자체만으로도 찬사를 보낼 만하다.

올해 칠순이신 어머니께서 방송을 보면서, 당신도 글공부를 조금만 했더라면 지금처럼 살지는 않았을 거라는 말씀을 하셨다. 아들만 교육시키신 외할아버지를 원망할 만도 한데, 배우지 못한 것을 어려운 시절 탓으로 돌리신다. 그래도 가끔 못 배운 한을 풀어 놓으실 때는 할 말을 잃는다. 아버지께서 밖엣 일은 좀처럼 말씀을 잘 안하시는 성격 탓에 '당신은 몰라도 돼!' 라고 하면 못 배운 탓에 남편에게 무시당한다고 생각하셨다. 당신은 아버지와 이런 저런 이야기를 주고받는 것으로 사랑을 느끼시려 했던 것인지도 모른다. 학교 문턱에 만이라도 갔다 왔으면 지금보다는 나은 대접을 받고 있을 거라면서 못 배움에 대한 상대적 상실감과 열등감을 늘 가슴 한 쪽에 묻어 놓으셨다.

일곱 남매를 키워내고 교육시키느라 자신을 돌아볼 겨를도 없이 살아오신 어머니는 언제부터인지 공책에 불경을 옮겨 적으셨다. 부처님의 가르침대로 살아오신 어머니께서는 불경을 진작 쓰시고 싶었는지도 모른다. 처음에는 한 글자를 쓰기 위해 원본 글자를 두세 번을 봐야 할 정도로 서툴었지만 꾸준히 공책을 메꾸다 보니 어느새 웬만한 글은 안 보고도 쓸 수 있게 되었다. 딱히 한글을 배우기 위해 시작한 것은 아니지만, 어머니로서는 일석이조의 일을 한 셈이다.

그런 어머니께서 올해 본격적으로 초등학교 과정의 야간학교에 입학을 했다. 함께 공부하는 이들도 모두 할머니들이란다. 노인대학을 졸업했으니 대학생에서 초등학생이 된 셈이다. 학교에 입학을 하신 후부터 어머니의 생활은 달라졌다. 집안일을 하시면서도 자신감이 배어나온다. 배움의 기쁨이 있는 사람은 흥이 나게 마련이다. 흥이 나니 하는 일도 신바람이 난다. 초등학교 교과서가 방에서 자리를 차지하고 있다. 거실 탁자 위에는 수학 문제집도 보인다.

하루는 퇴근 후에 들렀더니, 최대공약수, 최소공배수에 대하여 가르쳐 달란다. 어머니를 초등학교 3학년 학생이라 여기고 연습장 한 장 가득 쓰면서 쉽게 설명을 해드렸지만, 어머니께서는 내가 가르친

방법이 선생님께 배운 방법과 다르다면서 이해가 잘 안 된다는 표정이다. 학교에서 학생들을 가르칠 때면 한 번쯤은 더 설명하고 이해를 시켰을 터인데, 최소공배수, 최대공약수가 어머니께 별 의미 있는 학습이 아니라는 생각이 들자,

"어머니, 그런 거 몰라도 됩니다. 최소공배수, 최대공약수는 하나도 쓸데가 없는 거니까, 구구법만 잘 외웁서." 벌써 말이 튀어나와버렸다. 무엇을 얼마나 알고 있느냐보다는 알아가는 기쁨을 맛보는 것이 더 중요한데 명색이 초등학교 교사인 딸이 그런 말로 배움의 즐거움을 자르려 하다니, 순간 미안했다. 배워서 써먹어야 된다는 생각 때문에 그런 말이 튀어나오고 만 것을 어찌하랴. 그런 이론을 갖다대면, 이 세상에 배우지 말아야 할 것들이 어쩌면 더 많을지도 모른다. "나 구구법은 다 안다. 그것도 몰람시카부덴—(모를 줄 알고)" 하신다. 어머니의 공부는 시험성적을 위한 것도 아니요, 일상생활에서 활용할 어떤 목적도 아닌 그저 하나라도 더 알고 싶고 배우고 싶어서 묻는 것인데, 나는 벌써 학습의 의미를 성적이나 활용에 두고 있었던 것이다. 그 후로 어머니께서는 가정교사를 다른 사람으로 교체했다. 손자, 손녀에게로 넘어갔다.

고등학교 2학년인 손녀딸에게는 영어를 배운다. 손녀딸은 영어의 알파벳을 크게 종이에다 써 놓고 할머니께 열심히 가르친다. 손녀는 친절하게 설명해 주고 할머니는 고개를 끄덕이면서 하나하나 알아가는 기쁨을 느낀다. 초등학생인 손자 손녀들이 오면, 과학책을 펼치면서 이것저것을 물어보신다. 손자 손녀들은 마치 선생님이나 된 듯이 신나게 설명을 해 드린다. 할머니의 눈빛이 초롱초롱하다. 할머니는 어느새 손자 손녀들과 친구가 된다. 그때만큼은 세대차이도 나이도

다 잊어버린다. 나는 그런 어머니의 모습이 참 보기 좋다.

학이시습지學而時習之면 불역열호不亦悅乎라는 말이 있다. 이 말은 배우고 때때로 그것을 익히면 기쁘지 아니한가?라는 뜻으로 논어 학이學而편에 나와 있는 말이다. 누구에게나 자아실현의 기쁨을 얻고자 하는 욕구가 있을 진데, 그에 이르는 방법 중에 하나가 배움이라는 과정을 거치는 것이다. 그 배움이 학문적 탐구이든 경험적 수양이든 배우고 익힘이 없이는 안 되는 일이다. 그러기에 배움을 게을리 하는 자는 자아실현의 기쁨 또한 얻지 못하리라.

나는 교직의 길을 걸으면서도 배워 익히고 싶은 것이 참 많다. 직업으로서 하고 있는 일 외에 진정 내가 하고 싶은 일이 무엇인지 생각해 본다. 그림도 제대로 배워서 그려보고 싶고, 상담도 더 깊이 공부하고 싶다. 여건이 허락하면 악기도 그럴 듯하게 하나 다루고 싶다. 더 욕심을 부린다면, 집안의 소품들도 내 손으로 만들어 쓰고 싶다. 그러나 현실은 나에게 그런 것을 새로 배우고 익힐 용기와 시간적 여유를 주지 않는다. 지금 그림공부를 하기엔 늦었다는 생각이 들고, 상담공부에 더 많은 시간을 쏟기엔 시간적 여유가 없다. 글 한 편 쓰는 것도 제대로 못하면서 뭔가를 새로 시작하는 것은 그야말로 일을 벌려놓기만 하는 것과 같아서 선뜻 시작하지 못하고 있다. 그 일을 하지 않으면 열이 날 만큼 열정이 있다면 못할 일이 무엇이 있으랴마는 아직까지는 그런 일을 찾지 못했다.

생활전선에 뛰어들어 살다 보면 진정 하고 싶은 공부도 이런저런 이유로 포기하거나, 체념하면서 사는 사람들이 많다. 나 역시 그랬다. 반면 늦었다고 생각할 때 새로운 일을 시작하여 자아실현을 하는 사람들도 많다. 의사로서 늦게 음악을 공부한 사람도 있고, 가수활동을 하다가도 미술공부를 시작하여 대학 강단에까지 선 사람도 있다. '늦었다고 생각할 때가 가장 빠른 때다.' 라는 말을 떠올리면 지금이라도 배움을 시작할 용기가 생긴다. 그렇지만, 이것저것 다 시작하지는 말자. 시작하기 전에 내가 진정 배워 익히고 싶은 것은 무엇인지 되물어 봄이 어떨까? 하지 않으면 평생 후회될 일은 아닌가? 그리고 대답이 확실하면 시작하자. "지금이 가장 빠른 때"라는 말로 최면을 걸며 용기 있게 시작하자. 어머니는 초등학생이 되어 '평생 후회할 일' 을 '평생 기억에 남는 일' 로 만들었으니, 얼마나 멋진 인생인가?

고향을 그리다

오래 전에 헤어졌거나 잃어버린 가족과 친지를 찾는 '그 사람이 보고 싶다' 라는 TV프로그램이 있다. 헤어질 당시에 살았던 집이며, 그 동네의 모습을 종이에다 그려놓고 그 곳에서의 옛 기억들을 풀어놓으며 애절하게 사람을 찾는다. 나는 그 장면을 볼 때마다 어린 시절 내가 살았던 동네를 그리워한다.

유년시절의 우리 집은 제주시내의 변두리 시골이었다. 연동에서도 서쪽으로 약 2킬로미터쯤 더 들어서야 '섯동네' 에 있는 우리 집을 만난다. 십여 채의 집이 작은 오름의 품에 옹기종기 안겨있는 평화로운 동네였다. 꼬불꼬불 골목길도 정겹고 아름다웠다. 마을 옆으로는 작은 논밭이 펼쳐지고 마을 앞을 지나는 실개천은 여름한철 물장구치는 놀이터가 되곤 했다.

방과 후에 집에 돌아오면 어린 동생들을 데리고, 산딸기를 따먹으러 동네 비탈길을 휘젓고 돌아다니기도 했다. 인동 꽃이 노랗게 필 때는 향긋한 인동 꽃을 바구니 하나 가득 따고 와서 말렸다가 엿장수에게 엿으로 바꿔 먹었다. 그 때의 엿 맛이란 둘이 먹다가 하나 죽어도 모를 만큼 맛있었다.

우리 집 대문 옆에는 큰 감나무 한 그루가 감꽃을 피워 벌과 나비들을 불러 모았고 여름에는 시원한 그늘을 만들어 주었다. 늦가을까지 발갛게 나무에 매달려 있던 감은 쌀독에서 기다리다 찬바람 이는 겨울에야 맛있는 홍시가 되어 나왔다. 봄이면 뒤란 장독대에는 어머니의 정성이 항아리마다 가득 피어오르고 만개한 앵두꽃이 간장, 된장독을 격려하듯 꽃노래를 불렀고, 가을이면 노랗게 익은 귤이 주렁주렁 장독대를 장식했다. 어머니는 그 장독대를 수시로 드나들며 아궁이에 불을 지펴 우리 일곱 남매를 위한 슬로우 푸드를 만들어 주셨다. 지금도 어머니의 음식은 옛 맛 그대로 우리들의 입맛을 사로잡는다. 그 시절에는 간식이 생각나면 앵두 한 사발을 따왔고, 목이 마르면 귤 몇 개를 따 먹으면 그만이었다.

시내 중학교에 다니게 되면서부터 도시에 살고 싶다는 생각을 하게 되었다. 시내에 사는 아이들은 어딘지 모르게 세련되고 손해 보는 일은 하지 않는 당찬 면이 있었다. 그 학생들에 비해 내가 촌티가 나고 어수룩한 것은 시골에 살았기 때문이라고 생각했다. 그 때만 해도 부자들은 시내에 살고 가난한 사람들은 시골에 산다고 믿고 있었던 때라 부자가 되어서 시내에 가서 살았으면 좋겠다는 생각을 했다.

내가 대학에 들어가게 될 때에는 우리 동네가 신시가지로 개발되면서 새롭게 변해가기 시작했다. 아랫동네에는 아파트가 들어서고 큰 길이 뚫리면서 그야말로 새로운 도시가 생겨난 것이다. 그 바람에 우리도 새로 집을 지어서 아랫동네로 이사를 했다. 새로 지은 집은 전에 살던 집에 비해 편리하고 좋았다. 새 집에서 도시 생활의 맛을 들여가는 동안 나는 옛집을 차차 잊어갔다. 그러나 부모님께서는 과수원에 가실 때마다 옛집을 둘러보고 오셨다. 가끔 부모님을 따라 옛집에 가 보면, 대문도 그대로 이며 감나무, 앵두나무, 귤나무가 그 자리에서 묵묵히 집을 지키고 있었다. 좁은 마루와 재래식 부엌을 기웃거리며 그 집에서의 추억들을 되새기곤 했지만 시간이 지날수록 나는 도시 사람이 되어가고 있었다. 시골 고향을 생각하면서 내가 살던 옛집이 그 자리에 있다는 것만으로도 마음이 든든했다.

몇 년이 더 지난 후 '섯동네' 도 구획정리가 되면서 몇 채 안되던 집들이 헐리고 길이 뚫리기 시작했다. 우리 집도 헐리게 된 것이다. 과수원도 없어지고, 우리 동네도 없어졌다. 남은 건 묵묵히 서 있는 오름뿐이다. 그 어디에도 지난날의 우리 집은 없다. 품종이 좋은 정든 감나무는 새로 이사 온 집 마당으로 옮겨 와서 한 가족이 되었지만, 장독대로 앵두나무도, 정겨운 골목길도 없어졌다. 그 자리엔 높은 아파트들이 줄지어 들어섰고 자동차도로가 뻥 뚫렸다.

어디쯤이었는지 헤아려 보려 하지만 막연할 따름이다. 옛 집이 헐리자 내 마음에 있던 고향도 함께 무너져 묻혀 버렸다. 그 신도시의 어느 한 지점이 우리 동네가 있던 자리인 것임에 틀림이 없지만, 나의 어린 시절을 함께 했던 고향의 흔적은 지금 어디에도 없다. 고향의 흔적이 없어졌으니 고향을 여의었다고 해도 과언이 아니다. 고향을 북에 두고 온 이산가족이 아니라도 나처럼 고향을 여윈 사람들이 많을 것이다. 개발이라는 이름 새로 생긴 도시가 얼마나 그들을 위로해 주고 있는지는 모를 일이다. 어린 시절 나를 지켜봐주던 골목길과 돌담, 집, 나무, 마당이 없어진 것을 생각하면 내 마음도 허전한데, 더 오랫동안 그 집에 사셨던 부모님께서는 그 마음이 더 할 것이다.

도시에 사는 소망은 이루어졌어도 나는 아직 그 옛날의 나의 고향 '섯동네' 의 옛 모습을 그리워하고 있다. 그래서 전과는 다르게 '나의 살던 고향은 꽃피는 산골~' 그 노랫말을 떠올리면 콧등이 시큰거려 눈물이 나려고 한다.

5부 _ 그녀의 이야기

버스에서

할머니 한 분이 힘들게 버스에 오른다. 휘청거리는 몸을 간신히 가누며 입구에서 가까운 운전석 뒷좌석에 앉으려고 하자 운전기사가 대뜸

"저래 들어갑서!!― 들어가마씸―."

불만 섞인 운전기사의 호령에 할머니는 흠칫 놀라며 의기소침해진다. 조금 더 친절하게 말하면 어디가 덧나나? 아니 친절하지는 못할 망정 큰소리는 치지 말아야지. '자기는 부모가 없나?' 괘씸한 생각이 들었지만 어찌할 용기도 없었다.

노인은 서운한 기색을 애써 감추고 나의 옆자리로 앉는다. 방금 운전기사로부터 들은 말을 잊어버리려는 듯 나에게 눈인사를 건넨다. 나도 웃음으로 화답했다.

운전석 뒤쪽에 붙어있는 "할망, 하르방, 환자분은 앞에 앉지 마시고 뒤로 가세요."라는 문구가 눈에 들어온다.

피식 웃음이 나왔다. 제주어로 시작하고 표준어로 끝나서 더욱 우스웠다. 앞뒤가 안 맞는다. 노인들의 안전을 생각해서 붙여놓은 문구다. 안전은 아무리 강조해도 지나침이 없는 것이기에 그 문구를 탓할 생각은 없다.

그러나 노인의 안전을 생각한다면 운전기사의 말이 그렇게 나와서는 안 되는 일이었다. 몸은 다치지 않을지 몰라도 그런 식으로 노인을 대한다면 더 깊은 마음의 상처를 주게 됨을 모르는가? 거동이 불편한 노인일수록 입구에서 가까운 쪽에 앉도록 하는 것이 그분들을 배려하는 일이 아닌가하는 생각도 해 보았다.

나이가 들면서 신체적으로 움직이는 것이 힘들어져 서러울 판인데 자식또래의 기사양반한테 그런 대접을 받으니 노인의 마음은 어떨까? 나도 더 늙으면 저런 대접을 받을 거라 생각하니 가는 세월이 참 무섭다. 자기도 언젠가는 늙을 것을 왜 모를까.

할머니는 물리치료를 받으러 한림병원에 가시는 길이란다. 이틀에 한 번 버스를 타는데 늙은이라서 운전기사가 반기지 않는다고 한다. 얼마 선 일이 떠올랐다. 귀덕에서 할머니 한 분과 젊은 분이 버스를 기다리는데 젊은 분이 먼저 버스에 오르자마자 버스는 출발해버렸다. 노인은 지나간 버스 뒤에서 허이허이 손을 내 저어 보지만 소용이 없다. 나는 그런 운전기사한테 한 마디도 못하고 속으로만 '나쁜 기사~~' 하고 울컥 올라오는 화를 참는다. 그런 내 모습이 밉지만 어쩌랴.

할머니는 내릴 때가 다가오자 불안함을 감추지 못하고 자꾸 일어서려 한다. 버스에서 힘겹게 내리시는 할머니를 보니 어머니 아버지가 떠오른다.

요즘 더 수척해지시고 주름살이 늘었다. 아버지는 건강하셔서 운동도 다니시고 나들이도 할 수 있어서 다행이지만, 어머니는 허리통증으로 인하여 수술을 받으셨는데, 통증이 완전히 없어지지 않아 걱정이다. 그나마 몸져눕지 않은 것만도 다행이다 생각하며 감사하고 있다. 두 내외만 집을 지키고 있어서 적적할 것을 알면서도 자주 찾아뵙지 못하니 불효자가 따로 없다. 가끔 버스를 이용하시는 어머니께서 혹시 불친절한 운전기사에게 홀대를 당하지는 않았는지 모르겠다.

모든 운전기사가 다 노인들을 홀대하는 것은 아니다. 어떤 운전기사는 참 친절하고 다정다감하다. 오르는 손님마다 반갑게 인사를 하는가 하면 노인들에게도 친절하다. 느릿느릿 행동할 수밖에 없는 노인들을 배려하여 탈 때나 내릴 때 느긋하게 기다려주는 운전기사를 보면 믿음직스럽고 '조심허영 내립써~' 라는 한 마디는 듣는 이를 행복하게 한다.

버스를 이용하는 사람들은 운전기사의 말 한 마디에 천당과 지옥을 오간다. 만원버스의 학생들을 친절하고 상냥한 말투로 '우리 함께 타고가야 하지 않겠니? 안으로 조금씩만 더 들어가자.' 하고 말하는 기사가 있는 반면 버럭버럭 윽박지르는 소리로 말하는 기사가 있다. 이상한 것은 버럭버럭 소리를 질러도 학생들은 잘 움직이지 않는다. 마음이 움직여야 몸이 움직이는 법, 큰소리치는 운전기사를 학생들은 너나 잘해 식으로 쳐다본다.

평화의 섬 제주라고 떠들면서 제주 어디에 평화가 있는가? 치솟는

유가와 물가 때문에 가정경제를 생각하는 서민들의 마음은 걱정으로 채워졌고, 상가에도 불경기 탓으로 불안감이 감돈다. 심지어 평화로 조차도 해군기지 설치 반대시위로 평화가 없다. 언제 밝은 웃음으로 가득 찬 제주가 될까? 제발 시외버스 안에서만이라도 평화를 느끼고 싶다.

지키지 못한 약속

그녀는 불과 몇 달 전까지만 해도 겉으론 멀쩡했다. 주일 날 성당에서 만나면 반갑게 손을 내밀었던 자매님이 병세가 심각하여 병원 침상을 떠나지 못하고 있다.

병원은 환자들에게는 완치를 꿈꾸게 하고 고통을 덜어주는 위안의 장소가 되기도 하지만 나에게는 기분 좋은 곳이 못된다. 갈 때마다 채증에 걸린 것처럼 마음이 답답해지는 곳이 병원이다. 내가 환자가 되어서 병원을 찾았을 때보다 병문안을 갔을 때가 답답함은 더하다. 병실 마다 환자들이 들어차 있다는 생각과 그들에게 병을 낫게 하는 그 어떤 것도 해줄 수 없는 무능함을 알기 때문이다. 그 무능함을 인정하면 때로는 오히려 병문안을 올 수 있는 건강함이 있음에 감사할 때도 있다.

새로 지어서 아라동으로 이사한 제주대학병원을 들어서자 넓은 로비에는 그랜드 피아노 한 대가 우두커니 서 있다. 피아노의 음률은 때로는 슬픔도, 고통도 잔잔히 잠재울 수 있는 마술 같은 힘이 있지만 덩치만큼이나 무거운 침묵이 피아노를 감싸고 있다. 누군가가 건반을 두드려 아름다운 소리로 병중에 있는 이들과 소통하게 했으면 좋으련만. 어떤 악기도 연주자의 손길이 닿지 않으면 병실 안에 누워 꼼짝 못하는 환자들과 다를 바가 없다는 생각을 해 본다.

병실을 찾았을 때 그녀의 몸은 황달끼로 누렇게 부풀었고, 가슴과 배에 호수를 꽂고 있었다. 일행을 보자 애써 웃음을 보이려 했지만 그녀의 눈에 눈물이 고인다. 그녀를 위로할 어떤 말도 할 수가 없었다. 빨리 완쾌되길 빈다는 말이나 언젠가는 나을 거라는 말도 기적이 일어나지 않는 한 위선일 수밖에 없다. 그녀의 손을 잡고 잠시 내가 살아있음에 감사하며 기적이 일어나서 그녀가 언제 그랬느냐는 듯이 다시 일어날 수 있기를 간절히 기도했다. 지금 나는 병문안을 와서 오히려 환자보다 내가 더 위로받고 있는 것이다.

함께 간 자매님은 '먼저가 있으면 따라 갈 것이니까 먼저 가 있으라.' 는 말로 환자를 위로한다. 죽음을 앞둔 환자에게 가혹한 말이 될지 모르지만 어쩌면 가장 솔직한 위안의 말일 수도 있다.

누구라도 죽음을 피해 이승에서 영원한 삶을 영위하는 사람은 없다. 조물주께서 부르면 가야하는 게 인생이다. 그녀의 한 손에 묵주가 들어있는 걸로 봐서 병상에서도 기도하고 있음을 알 수 있었다. 신앙인은 저승에서의 삶도 또 다른 삶이 될 수 있다는 희망을 갖고 살아간다. 이승에서의 삶이 끝나면 저승에서 또 삶이 시작된다는 영생을 믿으며 죽음 앞에 보다 의연해지려고 노력한다. 그러나 누구라도 죽음 앞에서 초연하기는 어렵다. 두렵고 무서운 게 죽음이다. 죽음 앞에서는 한없이 겸손해지는 것이 인간이다. 그리고 지난 삶을 되돌아보며 감사하기도 하고 회한에 빠지기도 한다.

함께 기도를 마치고 나오려는데 그녀는 지갑에 있는 돈을 다 털어서 함께 간 자매님께 쥐어준다. 매달 조금씩 성당에 교무금으로 내려고 했는데, 아직 그 돈을 못 냈다면서 성당에 가면 꼭 내어달라고 부탁한다. 이 상황에서 그게 무슨 대수냐면서 그냥 두라고 하자 그냥 두면 마음 편히 갈 수 없을 것 같단다. 생이 얼마 안 남았다는 사실을 스스로 인정하고 자신과 한 약속을 지키려는 그녀의 그런 모습이 가슴이 찡하면서 아름답게 보였다. 약속은 지켜질 때 의미가 있고 아름다운 것이라고 했다. 그녀는 지금 자신과의 약속을 이승에서 정리하고 있는 것이다.

나에게는 잊히지 않는 지키지 못한 약속이 있다. 몇 년 전에 세상을 떠난 초등학교 친구와의 약속이다. 그녀도 씩씩하고 당차게 살아오다 어느 날 암이라는 진단을 받았다. 처음 병문안을 갔을 때는 병세가 좋아진다고 희망적인 말을 했었는데, 한 참 후 두 번째 찾은 날은 얼굴을 알아볼 수 없을 만큼 온몸이 퉁퉁 부어 있었다. 죽음이 점점 그녀 가까이 다가가고 있음을 느꼈다. 그때도 친구를 위로할 어떤 말도 할 수가 없었다. 친구는 혼미한 정신 가운데에서도 한참 동안이나 나의 손을 놓지 않았다. '다음에 또 다시 올게~' 라는 말로 작별인사를 하자, 그녀는 엄마와 헤어지는 어린아이처럼 '다음에 꼭 와~, 다음에 꼭 와~' 하면서 작별을 아쉬워했다.

그 후 나는 당분간 병원을 찾지 못했고 친구는 끝내 눈을 감았다. 조문객이 된 나는 그녀의 영정 앞에서 지키지 못한 약속 때문에 죄인처럼 고개 숙여 용서를 빌었다. 이렇게 죽음은 산자나 죽은 자 모두에게 지키지 못한 약속을 만들어낸다. 그래서 죽어가는 사람들은 그 약속을 못 지켜서 회한에 쌓이고, 산 자는 다음에~ 다음에~ 하다가 약속을 지킬 기회를 잃게 되고 나중에는 자책하며 후회하게 된다.

자매님께 다시 온다는 말을 하지 않고 나는 병실을 나왔다. 어쩌면 지키지 못할지도 모른다는 생각 때문이다. 병원로비에 있는 피아노는 아직도 무거운 침묵 중에 있고 병원 밖 공기는 차다. 내 마음도 그만큼 무겁고 차다.

남편의 부활을 꿈꾸며

올해도 부활절은 어김없이 돌아왔다. 부활을 준비하는 사순절 시기 동안 '참회' '인내' 라는 단어를 뇌리 속에 심으며 거듭나겠다는 다짐을 했지만 여전히 만족스럽지 못한 채로 부활을 맞았다. 하느님의 이름으로 남편의 변화를 꿈꾸었던 기대도 무너졌다. 해마다 돌아오는 부활절에는 자신의 부활에 무게를 두면서도 기대하는 바는 따로 있었다. 남편의 변화를 기대하는 것이다. 50평생을 나름대로 '제멋' 에 살아온 사람에게 변화를 기대하는 것이 무리일지 모르나 나는 늘 남편의 변화를 소망한다. 남편의 모든 것이 새롭게 변화되기를 꿈꾸는 것은 아니다. 오직 하나 남편이 '금연하는 남자' 로 다시 부활하는 것이다. 사람이 몇 년 아니 몇 십 년 동안 해왔던 습관을 변화시키기가 그리 쉽지 않음을 안다. 작은 습관 하나가 인생을 바꿀 수 있음을 알면서도 그것조차 못 바꾸는 것이 우리의 삶이다. 남편은 담배를 달고 사는 애연가다. 담배가 건강에 안 좋다는 이유 때문만은 아니다. 나는 담배 연기가 싫다. 금연운동이 확산되면서 금연구역이 법으로 지정되어 담배를 마음 놓고 피울 만한 공간이 그리 많지 않다. 그런 제약들 때문에 어지간하면 이참에 담배를 끊는 사람들도 많아졌다. 사무실이나 학교 공공건물들이 금연구역이듯이 우리 집도 금연 구역이다. 그러나 남편은 우리 집이 공개된 흡연구역마냥 아무데서나 담배연기를 발산한다. 부엌에서나, 안방에서나 제 마음대로 담배를 핀다. 담배연기는 어찌나 빠른지 금방 나의 목구멍을 타고 들어와 캑캑거리게 만든다. 그럴 때면 남편이 나를 무시하는 것 같아 은근히 부아가 치민다. 부인이라서 함부로 대하는 것 같은 생각이 더해지면 섭섭함은 더하다.

남편의 건강을 걱정하는 차원에서 고상하게 잔소리를 해 봤지만, 헛수고다. 담배의 폐해에 대한 숱한 정보도, 인터넷에서 금연시도를 위한 몇 편의 도움 글도 남편에게는 환영을 못 받는다. 어쩌다 방송에서 금연에 대한 이야기가 나오면, 아내는 '옳거니 좋은 기회다.' 하면서 은근히 좋아하는 데, 남편은 어느새 채널을 바꾼다. '금연하는 남편' 만들기는 아내의 힘으로는 역부족이다. 처음부터 그런 생각을 했던 내가 부질없는 일이었다. '너나 잘해' 하고 말해 버리면 나도 할 말이 없다. 나의 변화가 상대의 변화를 불러온다는 평범한 진리를 알면서도 먼저 남편을 변화시켜야겠다는 생각이 앞섰으니 그게 잘못이다. 내가 먼저 변화되어야 한다. 나의 오래된 생활 습관 중에서 분명 바뀌어야 할 것들이 많다. 습관이나 행동뿐만 아니라 사고의 틀을 깨어 부수어 새로운 알로 태어나야 할 때임을 알면서도 실행이 안 되는데 문제가 있다. 순간순간 '아, 늦었다고 생각하는 이 시점부터 새로 시작해 봐야지.' 다짐하지만 며칠 못가고 만다.

몇 해 전 12월 31일 날 밤, 묵은 날을 보내고 새날을 맞이하기 위한 망년 의식으로 소주잔을 맞대면서 작은 희망하나 키웠었다. 남편이 20년 넘게 피웠던 담배를 끊겠다는 것이다. 그날 남편은 담배와 작별하겠다는 뜻으로 담배를 소주잔 속에 모질게 처넣는 행위예술을 했다. '우리 남편이 그래도 한다면 하는 남자지.' 스스로 최면을 걸며 남편의 금연다짐을 은근히 자랑스러워했다. 그 다짐의 시효는 두 달이 지나자 떨어지고 말았다.

인간의 의지대로 안 되는 일이 세상에는 너무 많다. 금연도 그중 하나인가보다. 그래서 부활절에는 특별히 남편의 금연을 하느님께 소망한다. 사순절 동안 자신을 되돌아보면서 참회하고 속죄하는 기간에 담배 끊기에 도전하기를 은근히 기대한다. 그러나 올해도 나만의 희망사항으로 끝나고 말았다.

예수의 부활은 죽음 뒤에 온 것이다. 부활은 죽음을 전제로 한다. 부활하려면 죽어야 한다. 나에게 있어서의 부활의 의미는 육신의 죽음이 아니라, 죄악과 잘못된 습관을 바수어 없애려는 참회의 노력이다. 참회하고 고뇌하는 시간 속에서 어두운 습관이나 행동, 태도, 정신 등은 떠나보내고, 새로운 것들이 꿈틀거리며 일어나 빛을 발할 수 있도록 공들이는 일에 힘쓴다. 사소한 일로 미움과 원망을 키웠던 어리석은 오기를 용서와 사랑의 꽃으로 피어나게 해 달라고 기도한다. 가슴 속에 묻어둔 채 떳떳치 못한 부끄러운 마음과 행동의 흔적들을 씻어내기 위해 고뇌하고 후회한다. 이루지 못할 사랑 때문에 가슴 절절했던 아픔의 상처도 지워내려 애쓴다. 나에게 있어서의 부활은 바로 그런 시기이다. 알에서 병아리가 깨어나고, 번데기에서 나비가 기어 나오듯이 그렇게 힘들게, 참고, 인내하고, 견뎌내는 시기이어야 한다고 스스로에게 다짐한다. 그런 만큼 남편의 흡연태도를 보면서도 금연에 대한 소망을 잃지 않는다. 남편의 금연하는 남자로 부활할 때까지 나는 인내하고 감수할 것이다. 그리고 기도한다. 남편의 담배연기까지도 사랑할 수 있게 해 달라고. 더 욕심을 부리면 집안 아무데서나 담배를 피우는 남편을 흘기는 대신 그윽한 눈빛으로 바라볼 수 있는 헤픈 마음을 달라고 기도한다. 그 기도가 통하여 언젠가 금연하게 될지도 모르는 남편을 상상하게 되면, 부활절은 항상 나를 꾸짖기만 하는 것이 아니라 즐거운 소망으로 이끌어 주기도 한다. 아들과 딸에 대한 주관적인 집착을 버리는 일, 부모님의 뜻을 거스르지 않는 일, 직장에서 나와 다른 사람의 일에 최선을 다하여 돕는 일, 일상적인 작은 일에 감사하는 일, 이런 일들을 나는 소망한다.

행복할 이유 찾기

2009년 10월의 마지막 날, 잔칫집에 다녀오는 길에 접촉 사고를 당했다. 내차가 직진하는 중에 왼쪽 골목에서 나와 좌회전을 하는 차가 내차를 받았다. 차에서 내려서 상대방 차 운전사를 살폈더니 중년의 여자가 초등학교 1학년 정도의 소녀를 함께 태우고 있었다. 딸인 것 같았다. 그 여자는 운전대를 잡고 미안한 기색도 없이 큰 사고가 아니니까 일단 차를 한 쪽으로 빼자는 것이다. 그래도 현장을 사진으로 찍어 두는 게 좋을 것 같아 휴대폰 카메라로 사진을 찍으려는데, 다짜고짜로 일단 차를 한 쪽으로 빼면 될 일을 뭐 그렇게 수선을 떠느냐며 오히려 큰소리를 치는 게 아닌가. 방귀 뀐 사람이 성낸다더니 그 짝이다. 차들이 오락가락 하는 와중에 1차선에 차를 세우고 있는 게 약간은 미안한 생각이 들기도 하여 일단 차를 한 쪽으로 세우고 처리해도 될 것 같았다.

차를 몰아 10여 미터 앞으로 가서 길 한 쪽으로 세웠다. 그런데 웬걸 그 차는 온데간데없이 자취를 감추었다. 이런 황당한 일이……. 내가 너무 순진했나? 아무렴 그녀가 그럴 리가? 한참을 그 자리에서 기다려도 차는 나타나지 않았다. 속았다는 생각을 하니 허탈하고 화가 났다. 그러나 어쩌랴 이미 엎질러진 물인걸. 사람이 다치지 않은 사고라 다행이라 생각하면서 그 자리를 떴다.

나중에 지인에게 그런 일이 있었다는 이야기를 했더니 미련하게 왜 차를 옮겼느냐, 경찰에 뺑소니로 신고를 왜 하지 않았느냐 핀잔을 준다. 그 상황에서 차량 번호도 외우지 않고 차를 옮긴 내가 바보였다. 현장 보존이 필요한 경우 차를 움직이지 않아야 한다는 사실을 알면서도 순간의 판단착오로 차를 옮기려 했던 내가 잘못이다. 그 자리에서 보험회사를 부르던지 아니면 차량번호를 기록했어야 했다. 그때는 신고할 생각도 못했지만 정작 생각을 했더라도 신고할 수 없었던 것이다. 그 이유는 차의 색깔만 기억할 뿐 차량 번호나 차종을 모르기 때문이다. 미련곰탱이 같다고 핀잔을 들어도 할 말이 없다. 눈앞에서 코를 베어가는 세상이라지만, 막상 그런 일을 당하고 보니 사람에 대한 믿음이 사그라져 가는 것 같아서 우울해졌다.

그녀는 아무런 양심의 가책도 없이 유유히 운전대를 잡고 목적지까지 가면서 '흥 순진하긴, 요즘 같은 세상에 사고 차를 옮기라고 하면 그냥 옮기는 바보가 어디 있담?' 이렇게 비웃었을지도 모른다. 하지만 이런 상상들조차도 아무 쓸모없는 바보 같은 짓이다. 이미 끝난 상황인 것을 어찌하랴. 좀 더 신중하게 생각했더라면……. 생각할수록 속에서 열이 올라왔다.

화가 난다고 화를 품고 있을 수만은 없지 않는가? 스스로 화를 다스려야 하겠기에 화를 감싸 안았다. 그리고 행복하기 위한 긍정적 모드를 작동시켰다. 내가 주로 써먹는 행복 찾기 방법이다. 긍정적인 사고방식이 행복을 결정짓는 중요한 요소가 된다. 아무리 안 좋은 상황도 긍정적인 의미를 부여하면 행복할 이유가 되는 것이다. 살면서 닥쳐오는 어떠한 상황에도 다 적용이 된다. 꼭 좋은 상황만이 행복을 가져다주는 것은 아니다.

행복을 연구하는 학자들에 의하면 행복한 사람들의 공통점은 어떤 상황에서나 또는 누구에게서나 좋은 점을 찾아낼 수 있는 사람들이었다고 한다. 그래서 행복한 사람을 "good finder"라고 말하기도 한다. 나는 'good finder'가 되고 싶다. 그래서 불행한 상황에서도 행복을 찾아내며 살고 싶다.

뺑소니 접촉사고를 당했지만 행복할 수 있는 이유는 분명 있기에 그 이유 찾기에 돌입했다. 차에 약간의 흠집이 나긴 했지만 사람이 다치지 않았으니 퍽이나 다행스런 일이며, 달아난 그녀는 뺑소니가 성공해서 은근히 기분 좋아(?) 할지도 모르니 내가 그녀에게 자선(?)을 베푼 셈이 아닌가? 이 사건을 작은 사고일지라도 꼭 상대방 차량 번호를 기억하라고 가르치는 교육의 기회로 받아드리자. 그리고 운전하다보면 그보다 더 큰 사고도 당할 수 있는데 그런 사고를 대신한 액땜이라고 생각하자. 이렇게 긍정적 주문을 걸었더니, 마음이 한결 편안해지고 오히려 감사한 마음까지 든다. 이렇듯 마음먹기 따라 달라지는 것이 사람 마음인데, 때로는 채워진 양을 보기보다는 부족한 부분만을 보고 행복을 저울질하는 어리석음을 범한다.

그날 저녁 잠자리에 들자 그 여자의 뒷자리에 타고 있던 소녀가 떠올랐다. 그 소녀는 엄마의 행동을 보고 어떻게 생각했을까? 엄마는 딸에게 그 상황을 어떻게 설명했을까? 한동안 그런저런 생각에서 벗어날 수 없어서 몸을 뒤척였다. 그 꼬마도 엄마처럼 자신의 잘못을 대수롭지 않게 여기며 그 상황만 벗어나면 해결된다는 생각으로 세상을 살아가면 어쩌지?

어쩌면 그 꼬마가 엄마에게

"엄마, 잘못해서 상대방에게 피해를 입혔으면 잘못을 인정하고 피해를 보상해 주는 양심은 있어야죠! 엄마 나빠!"라고 말해 엄마를 부끄럽게 했을지도 모른다.

그녀의 이야기

오 선생님이 서울로 전출가게 되자 전에 모 학교에서 동학년을 했던 선생님들이 오랜만에 만남의 자리를 가졌다. 자주 못 만나는 대신 방학을 이용하여 가끔 얼굴을 보는 터라 반가움이 더 크다. 오늘도 K선생님은 예전처럼 활달한 모습으로 나타났고, 조금 해쓱해진 것 같았지만, 여전히 예쁘고 세련되었다. 전직 교사였던 그녀는 1남 2녀의 어머니이며, 지금은 자신의 전문성을 살려 교육사업에 종사하고 있다.

오늘은 그녀의 이야기를 하려 한다.

교직에 있을 때는 항상 깔끔하고 멋있게 차리고 다녀서 겉모습만 보아도 그녀가 자신을 잘 다스리고 있는 사람임을 알 수 있었다. 후배 선생님들에게도 큰언니처럼 다정다감하였고 자신의 삶을 진솔하게 내보여서 주변사람들을 편안하게 하는 분이셨다. 동료의 고통이나 기쁜 일을 보면 최선의 방법으로 함께 나누려고 애쓰셨고, 스스로에게도 부당함을 용서하지 않으시던 외유내강의 분이다. 특히 나에게는 인생의 선배로서 상담자 역할을 해 주신 분이기도 하다. 부부싸움으로 감정이 뒤엉켜 해결의 실마리를 찾지 못해 괴로워하며 그녀를 찾았을 때, 그녀는 남편과의 사별 후 힘들었던 삶의 순간을 이야기하며 나를 위로하였다. 삼십대 후반인 그녀가 남편을 잃었을 때 세상은 온통 깜깜했단다. 한 발짝 건너편에 있는 '죽음' 이라는 세계가 너무 아름답고 편안한 곳처럼 비쳐서, 그 '죽음' 의 세계로 뛰어들고 싶었단다. 그렇지만, 아들딸이 눈에 선해서 죽음을 선택하지 못했다는 그녀의 말을 듣고 나는 복에 겨운 투정을 하는 것 같아 부끄러워졌다. 그 후 그녀는 1남 2녀를 훌륭히 키워내어 큰 딸은 미국에서 공부를 마치고 돌아와 직장을 다니고 있고, 둘째 딸은 의대를 졸업하고 의사의 길을 걷고 있다. 아들도 원하는 대학에서 공부를 하는 중이다. 집안 이야기 중에 언뜻언뜻 들은 바에 의하면 한 집안의 며느리로서도 부족함이 없을 정도로 올곧게 그 역할을 다하는 분임을 짐작할 수 있었다.

만날 때마다 삶에 대한 겸허함이 묻어나는 이야기로 주위를 감동케 했던 그녀가 오늘도 나를 가슴 뭉클하게 했다. 얼마 전에 몸 안에서 자라는 7센티미터의 종양 제거 수술을 했단다.

자초지종은 이렇다. 의대를 졸업하고 인턴으로 있는 딸의 권유로 종합검진을 받게 되었고, 그로 인하여 몸 안에 종양이 있다는 사실을 알게 되었다. 자식들이 알면 걱정할까봐 혼자 수술을 결정하고 성공적인 수술을 마친 후에야 자식들은 병의 심각성을 알았고 수술이 잘 된 것에 대해 감사했다. 처음 7센티미터의 혹이 있다는 의사의 말을 듣고 그녀는 몸 안에 있는 혹에게 이렇게 말했다.

'그동안 네가 내 몸 안에서 더 자라지 않으려고 안간힘을 써주어서 고맙다. 나를 어떻게든 괴롭히지 않으려고 무진 애를 썼구나! 정말 고맙다, 고마워.' 라고.

항상 자신만을 중심에 세우고 살았던 내가 세상을 살면서 역경을 만났을 때마다 그녀처럼 생각한다면 아무리 힘든 일도 감사하게 생각할 수 있을 것 같았다. 몸속의 혹 덩어리도 나의 일부로서 수용하는 그녀의 이야기는 계속 되었다.

다행히 수술은 성공적으로 끝이 났고, 며칠을 병석에서 지내다 퇴원을 했다. 아직 채 몸을 추스르기기도 전에 서울에 있는 아들딸과 짧은 인사를 뒤로하고 제주행 비행기에 몸을 실었다. 몸이 약해지면 마음까지 약해지는 법이다. 수술 전에 이제는 죽어도 여한이 없다고 생각했던 그녀는 비행기 안에서 눈물을 흘렸다. 며칠동안 비워둔 그녀의 텅 빈 집이 그녀를 울게 했는지도 모른다. 아니면 고통의 터널을 지나온 그녀를 위해 따뜻한 차 한 잔과 함께 위로의 말을 해줄 이가 없다는 사실이 그녀를 울게 했는지도 모른다. 그녀의 집은 그녀를 더욱 쓸쓸하게 만들 뿐 휴식과 위로의 공간이 되지는 못했다. 그래서 그녀는 공항에서 택시를 타고 집에 가봐야 아무도 없고, 며칠 집을 비운 터라 먼지만 쌓였을 뿐이라는 생각에 사람의 온기가 있는 일터로 향했다. 일터에는 상주하는 아주머니가 계시니까 그나마 낫다는 생각을 했다. 그녀만의 공간인 사무실에서 그녀는 수술대 위에 올랐던 몸을 눕혔다. 죽어도 여한이 없는 몸이 죽지 않고 살았다는 기쁨의 눈물인지, 아니면 지금의 상황에서 아무도 그녀의 마음을 알아주는 이가 없다는 사실에 대한 서러움의 눈물인지 분간할 수 없는 눈물이 하염없이 흐를 때 동서한테서 전화가 왔다. 그동안 얼마나 고생이 많왔느냐며, 방문을 한다고 했을 때 그녀는 지금 목욕을 가야하니 오지 말하고 하면서 전화를 끊었다는 이야기이다.

그녀의 이야기가 여기까지 왔을 때 그 자리에 있던 나는 눈물이 글썽했다. 지금까지 당당하고 씩씩했던 그녀가 왜소해 보였다. 남편을 잃고 자식들을 뒷바라지하며 살아온 삶이 그녀를 당당하고, 씩씩한 것처럼 보이게 했지만, 보이지 않은 한 편에는 절절한 외로움과 늘 싸워왔음을 이제야 알았다. 오랜 만에 자식 열보다 남편 한 사람의 소중함도 깨달을 수 있었다.

눈물 많은 여자

나는 눈물이 많은 편이다. 남들은 어떻게 생각할지 모르지만, 적어도 내가 생각하기에 그렇다.

어린 시절에는 아버지 앞에서 꾸중을 들을라치면 어김없이 눈물부터 나왔다. 그 때마다 아버지께서는 미련하게 눈물부터 흘린다고 안 때릴 매까지 한 대 더 때리셨다. 여자의 눈물은 무기라고 하지만, 순전히 눈물 때문에 안 맞을 매까지 맞았으니, 눈물이 죄인 셈이다.

초등학교 졸업식 날에 있었던 일은 지금도 생생하다. 대표학생이 졸업장을 받으러 나갈 때부터 눈물이 나더니, 졸업식 노래가 시작될 때는 소리까지 내면서 울어버렸다. 그때만 해도 대부분의 아이들이 6년 동안 정들었던 학교를 떠나는 졸업식 날은 누구나 눈물 한 방울은 흘렸겠지만, 교실 문을 나올 때까지 훌쩍거리자 평소 말씀이 없으신 담임선생님께서도 난감하셨는지 그만 울라고 나를 달래셨다.

결혼을 하고 남편과 부부싸움을 하게 되었는데, 전이 이렇고 후가 이렇다는 자초지종을 이야기해서 남편을 꼼짝 못하게 해야겠다는 생각을 했음에도 막상 남편 앞에서 말을 늘어놓으려니까, 목구멍에 무엇이 가득 차오르면서 눈물부터 앞을 가리는 게 아닌가? 이 때의 눈물은 나의 본 뜻과는 완전히 다른 그야말로 눈물을 무기로 사용한 셈이 되고 말았다.

한 번은 직장일로 잔뜩 스트레스를 받고 있었던터라 기회가 닿으면 상사에게 업무처리에 있어서 힘든 점을 소상히 말씀드리고, 개선이 가능하다면 개선해 줄 것을 부탁드릴 생각을 하고 있었다. 그러던 차에 기회는 왔다. 상관이 말도 안 되는 잔소리를 또 시작하자, 이때다 싶어 속에 있는 말을 쏟아놓기로 마음먹었는데 몇 마디 하기도 전에 그만 눈물부터 나와 버렸다. 결국 그날도 눈물 때문에 내가 생각했던 말을 다하지 못하고 말았으니 얼마나 낭패스러운 일인가? 일이 지난 다음 그런 내 자신을 자책할 수밖에 없었다.

얼마 전 친정아버지의 칠순잔치에서 아버지께 드리는 편지글을 낭송할 때의 일이다. 마이크 앞으로 나갈 때만 해도 너무나 자연스러웠는데, 편지글을 읽는 순간 콧등이 시큰거리더니 눈물 날 징조가 느껴졌다. 이건 아니라고 다짐하며 마음을 악다물고 눈을 찔끔 감았다가 뜨고 심호흡을 하면서 '울면 안돼, 절대 울면 안돼' 를 외쳤지만 한 번 열린 눈물샘은 말을 듣지 않았고 결국 울먹이면서 편지글을 읽을 수밖에 없었다. 편지 내용이 다소 감정을 불러일으키는 글이어서 축하객들이 이해를 해 주었지만, 잔칫날에 맞게 감정을 통제 못한 내 자신이 밉고 부끄러웠다. 눈물이 많은 것은 그 만큼 감정이 풍부한 탓이라고 말하는 사람도 있지만, 그 말은 상대방이 듣기 좋으라고 하는 말이다. 혼자 사는 세상이 아니기에 감정에 따라 행동하고 감정이 시키는 대로 생리작용을 하게 내버려두면 안 될 일이다. 기뻐도 웃지 말아야 할 때가 있고, 슬프거나 서러워도 울지 말아야 할 때가 있는 법이다. 웃으면서 말해야 할 때가 있고, 웃지 말고 말해야 할 때가 있다. 울면서 말해도 될 때가 있지만, 울지 말고 말해야 할 때도 있다. 보다 성숙한 사람은 자신의 감정을 적절하게 통제하고 조절할 수 있어야 한다. 그런 면에서 보면 나는 아직도 감정을 다스리는데 미숙하다.

소록도에서 만난 노인

가톨릭 종교단체에서 해마다 소록도에 있는 나병환자들을 위한 자원봉사활동을 가는데 이런 저런 이유로 한 번도 동참을 못했다. 그런데 봉사활동이 아닌 여행으로 소록도를 들르게 되어서 약간은 미안했지만 난생처음 소록도를 방문하는 것이라 기대가 되었다. 그곳에는 나환자들을 위한 국립소록도병원이 있어 나환자들을 볼 수 있을 지도 모른다는 기대를 갖고 친구들과 녹동행 배에 올랐다.

뱃길여행은 어딘지 모르게 낭만과 여유가 느껴지는 것 같아서 좋다. 출렁대는 바닷 물살을 가르며 달리는 배위에서 시원한 바닷바람을 마시는 상큼함이 일상을 벗어나고 있음을 실감나게 해준다.

소록도는 전남 고흥군 도양읍에 위치한 조그만 섬이다. 제주에서 녹동행 배를 타고 세 시간쯤 달리면 고흥반도 끝 녹동항에 도착하는데, 녹동항에서 차로 5분 정도면 소록도 주차장에 다다를 수 있다. 전에는 배를 타고 갔지만 지금은 소록도와 녹동을 잇는 소록대교가 건설되어 있어서 배를 타지 않고도 갈 수 있다.

국립소록도병원으로 들어가는 길목에는 울창한 소나무들이 소록도를 더욱 푸르게 감싸고 있다. 굽이도는 길 오른쪽으로는 양식장 넘어 보이는 작은 섬들과 그 사이에 소형 고깃배 몇 척이 떠 있어 평화롭고 고즈넉하다. 이슬을 머금은 아침 공기는 얼마나 상쾌한지 걷는 이의 마음을 정결하게 해준다.

소록小鹿이라는 이름은 땅 모양이 어린 사슴과 닮았다고 하여 붙여진 이름이며 섬의 면적은 여의도 면적의 1.5배 정도 된다고 한다.

국립소록도병원은 1916년에 당시 자혜의원이라는 이름으로 나병환자들을 격리시키기 위해서 소록도에 세워진 유일한 한센병 전문이다. 하얀 건물 속에 드리워진 커튼만이 보일 뿐 사람의 기척은 없다. 그 안에서 생활하는 환자들의 고통을 상상으로만 느낄 뿐이다.

어린 시절에는 문둥이는 사람을 잡아먹으니까 절대 가까이하지 말아야 한다고 들었다. 문둥이가 나병환자라는 것도 고등학생이 되어서야 알았고, 나병환자를 한센병 환자라고 하는 것은 훨씬 나중에야 알았다. 한센병 환자를 한 번도 본 적이 없는 필자는 소록도에 왔으니 혹시라도 한센병 환자를 볼 수 있지 않을까 라는 기대를 하며 지나치는 몇몇 사람들의 얼굴을 찬찬히 살폈지만 전혀 볼 수가 없었다.

그런데 소록도 중앙공원 앞을 지날 때 길 옆 도랑에 웅크리고 앉은 채 손으로 풀을 뽑고 있는 한 노인을 발견했다. 보이는 모습은 노인의 등과 뒷모습뿐이다.

"어디서 왔는가?"

"예, 제주도에서 왔습니다."

제주도라는 말에 노인은 고개를 숙인 채

“제주도 어디?”

“제주시에서 왔습니다.”

“제주시? …나도 칠성통에 살았는데…” 그때야 노인은 고개를 들고 나를 쳐다보았다. 한 쪽 눈과 코언저리가 정상이 아니다. 뭉개졌다고 해야 할지 없어졌다고 해야 할 지 아무튼 보는 순간 가슴이 철렁했고 시선을 피하고 싶었다. 내심 겁이 나면서도 겉으론 내색을 하지 않고 노인의 이야기를 들었다. 제주도가 고향인데 칠성통에도 살았고 서귀포에도 살았다고 말을 하면서 잠시 눈이 반짝 거렸다. 노인은 대화의 상대를 찾은 듯 잠시 나를 응시했고 뭔가 말을 할듯하더니 고개를 숙여 다시 풀을 뽑는다. 무슨 말을 하고 싶었을까? 고향 이야기? 제주도라는 말에 고개를 번쩍 들 정도로 고향 제주도를 가슴에 품고 있는 노인에게 나의 궁금증은 입안에서만 맴돌 뿐 아무 말도 못했다. 언제 제주도를 떠나왔는지. 부모님 소식은 들었는지, 고향에 형제자매는 있는지 등등을 묻고 싶었으나 그것은 순전히 나의 호기심을 채우는 일밖에 안 된다는 것을 알고 입을 다물었다. 풀 뽑는 노인의 손놀림이 허망하게 보인다. 고향을 떠나온 지난 시간을 잊으려고 그저 무상하게 손을 놀리고 있다는 생각에 이르니 노인이 한없이 가여워졌다. 소록도가 아닌 고향집 앞의 잡초를 뽑는 손이라면 얼마나 행복할까. 고향이 그리워도 못가는 신세를 풀포기에 풀어내는 것 같았다.

소록도 성당이 보인다. 일행과 떨어져 얼른 들어가 무릎을 꿇었다. 노인에 대한 가여운 마음과 나의 지체의 건강함에 감사하는 기도를 올리니 눈물이 핑 돌았다.

건장한 노신사(나중에 알고 보니 사진사였음)의 친절한 안내에 따라 우리는 소록도의 슬픈 역사를 가슴에 담았다. 일제 강점기에 지어진 병원이라 일본인 원장이 해방되기 전까지 맡아 운영할 때 많은 나환자들을 혹사시켰다는 이야기를 들으면서 원생들의 비탄과 좌절의 삶을 상상해 보았다. 환자들을 보호해준다는 명분아래 벽돌 찍기, 송진 채취, 가마니 짜기 등을 강제로 하도록 하여 그들을 이중 삼중의 중노동에 시달리게 했으며, 환자들을 불법 감금하여 강제로 정관수술을 하게 했다. 감금하여 얼려 죽이고 굶어 죽이기까지 한 감금실 앞에서는 말이 안 나왔다. 건물 구조도 탈출하지 못하도록 H자로 만들었다는 말을 들으니 일제의 만행에 소름이 끼쳤다.

세상에는 천사와 같은 착한 사람도 있는 법이다. 몇 년 전에 신문에서 보았던 감동적인 기사의 주인공인 마리안 수녀님과 마가레트 수녀님이 간호사로 한국에 와서 40여 년 동안 봉사하다가 말없이 고국인 오스트리아로 돌아간 감동적인 이야기를 또 다시 들려주어서 아무 조건 없는 숭고한 사랑에 가슴이 찡하기도 했다.

"한센병은 낫는다." 라는 글귀가 새겨져 있는 구라탑救癩塔을 뒤로 하고 나오면서 조금 전에 만난 노인을 떠올렸다. 고향 제주에 돌아갈 수 없다면 이 곳 소록도가 고향이고 지상의 천국이라고 여기며 남은 생을 편히 보내길 빌었다.

한 사람의 죽음 앞에서

한치 앞도 모르는 게 인생이라고 한다. 빈손으로 왔다가 빈손으로 가는 것이 인생이라고 한다. 그렇게 살다가 그렇게 죽는 것이 우리의 삶이라고 한다. 삶이란 하늘에 떠있는 구름과도 같다. 구름이 온갖 모양새로 하늘에 떠 있다가 어느 순간 자신의 뜻과는 상관없이 흩어져 버리는 것처럼 우리의 삶도 언젠가는 세상에서 살아져 버린다.

친구의 남편이 교통사고로 생을 마쳤다. 가슴에서 뜨거운 눈물이 북받쳐 친구에게 아무런 말도 할 수가 없었다. 어떠한 말로 위로한들 무슨 소용이 있겠는가? 남편의 주검 앞에서 아내는 통곡했다. 그러나 죽은 사람은 말이 없었다. 이승을 떠난 그 사람은 사진 속에서 조문객을 바라보고 있을 뿐이다. 울다 지친 친구를 부둥켜안고 함께 통곡했다. 그리고 조물주를 원망했다. 무엇이 그리 급해서 저승으로 데려갔단 말인가? 고등학교 3학년인 아들과 중학생 딸을 저렇게 남겨두고 어떻게 눈을 감을 수 있었을까?

사람들은 말한다. 어차피 한 번 왔다가 한 번 가는 게 인생이라고, 남보다 조금 먼저 갔을 뿐이라고…….

초등학교 시절에 나를 아껴 주시던 외할머니께서 돌아가셨다. 할머니의 죽음 앞에서 어머니와 이모를 비롯한 낯익은 친척들은 다 구슬피 우는데 나는 어찌된 일인지 눈물이 나오질 않았다. 울고 있는 사람들을 의식하면서 억지로라도 눈물을 흘리려고 안간 힘을 썼지만, 눈물이 나지 않아 혼자 곤혹스러워 했던 기억이 난다. 지금 생각하면 할머니라는 한 사람의 죽음이 그 당시 어린 나에게는 실감이 나지 않았음에 틀림이 없다.

그 후 결혼 생활 3년 만에 투병생활을 하시던 시어머니께서 돌아가셨을 때는 하염없이 눈물이 났다. 사별의 슬픔 때문이기도 했지만, 그보다 더한 것은 인생의 무상함을 시어머니라는 한 여자의 죽음을 통해서 느꼈기 때문이다.

무남독녀로 자란 부잣집 딸이 세상에 큰 뜻을 품은 한 남자를 만나 행복을 꿈꾸며 결혼을 했지만, 그 남자는 현실에 대한 서로의 생각 차이로 아내라는 한 여자보다는 사회정의의 실현에 앞장서겠노라며 집 밖에서 보내는 시간이 더 많았단다. 그 때문에 시어머니는 가정경제를 책임져야 했고 그녀의 삶은 점점 모질고 거칠어졌다. 아들딸이 결혼하기도 전에 남편은 세상을 떴으니 시어머니의 짐은 더 무거워졌다. 없는 살림에도 오누이를 남부럽지 않게 잘 키워내신 시어머니께서는 당뇨를 앓다가 돌아가셨다. 아들을 장가보내어 행복해 하시더니 손자의 재롱도 채 보지 못하고 사위도 못 본채 이승을 떠났다. 시어머니께서는 살아생전에 고생고생만 하시다가 이제 살 만하니까 저

세상으로 가셨으니 어찌 그 인생이 불쌍하고 허무하지 않으랴. '한 여자의 일생이 이렇게 끝나는 구나!' 하는 생각을 하니 하염없이 눈물이 났던 것이다.

남편의 사진 앞에서 친구는 죽은 남편을 원망한다. 어찌 그럴 수 있느냐고 말이다. 이제 살 만하니까 가버리면 어떻게 하느냐고. 왜 마지막 인사도 없이 그렇게 갔느냐고, 나 혼자 이 자식들과 어떻게 살아가느냐고…….

실없는 원망을 듣는지 마는지 죽은 자는 말이 없다. 시아버지께서 돌아가셨을 때 시어머니도 친구처럼 먼저 간 남편을 원망했을 것이다. 시어머니가 오누이를 데리고 힘든 삶을 산 것처럼 친구도 그렇게 힘겨운 삶의 십자가를 져야 할 것이다. 남편 없이 아내 혼자 살아가는 삶의 무게는 그렇지 않은 사람보다 몇 배 더 버거울 것임에 틀림없다. 하지만 그런 삶의 무게는 살아있는 자만 느낄 수 있다. 이 세상에 있는 온갖 고통과 슬픔, 그것은 어쩌면 살아있는 자만이 누릴 수 있는 특권이며 행복이다. 아무리 삶이 힘들고 버거워도 죽음과는 바꿀 수 없다. 살아있기에 고통과 번뇌가 있으며, 슬픔과 행복이 있는 것이다.

나는 종종 죽은 자의 영정 앞에서 비로소 내가 살아있음을 실감하게 된다. 그리고 감사하게 된다. 오늘만이라도 내가 살아있어서 얼마나 감사한지 모른다. 오늘 이후의 일은 아무도 모른다. 내가 어찌할 수 있는 시간은 오늘 지금 이 시각뿐이다. 지나간 삶은 이미 다시 꺼내올 수 없는 영겁 속에 갇혀있고, 미래의 삶은 조물주의 손에 있다. 그러므로 살아있을 때의 고통도 감사하는 마음으로 향유하라.

6부 _ 바람의 아들

산방산을 오르다

청명한 가을 하늘을 보니 속이 시원하고 가슴이 확 트인다. 공휴일이라 운동 삼아 한라산을 오를 생각을 했다가 마침 교장선생님을 대신하여 인근 학교 운동회에 참석할 일이 생겼다. 떡 본 김에 제사 지낸다고 남편과 함께 그 학교 근처에 있는 산방산을 오르기로 하였다.

산방산은 보는 이의 각도에 따라 다양한 멋을 선물한다. 푸른 바다 위에 우뚝 솟아오른 산방산은 장엄하고 엄숙하다. 봄의 화신인 유채꽃을 배경으로 찍은 산방산은 노란 유채꽃 양탄자 위에 사뿐히 내려앉은 평화로운 무덤같기도 하고, 하늘을 배경으로 찍은 사진을 보면 우주를 떠다니던 유에프오(UFO)가 살짝 지구에 내려앉은 모습이 연상된다. 평화로를 달리면서 보이는 산방산은 늘 그 자리에서 오가는 이를 반기는 문지기와도 같은 늠름한 표상으로 다가온다.

산방산은 안덕면 사계리 지경에 있으며, 높이 395m의 조면암질 안산암으로 이루어진 전형적인 종상화산이다. 신생대에 바다에서 분출하면서 서서히 융기하여 지금의 모양을 이루었다고 한다.

종상화산이라 제주도의 다른 오름에 비해 경사가 심한 편이며 사방이 절벽으로 이루어졌기 때문에 오르기가 쉽지 않은 산이다. 오래전부터 한 번 올라보고 싶었는데, 더구나 남편과 함께라서 더욱 걸음이 가벼웠다.

올라가는 입구를 찾지 못해 차로 주변을 빙빙 돌았다. 입구에 대한 사전 정보도 없이 무작정 출발한 섣부른 행동을 탓해봐야 소용이 없다. 읍사무소에 전화를 걸어보았더니 전화 받는 분도 잘 모르겠단다. 때마침 지나는 순찰차의 도움으로 입구를 찾을 수 있었다.

좁은 통로를 따라 올라가다보니 무성한 풀이며, 작은 나뭇가지들이 서로 엉켜 있어서 보통 오름과는 달리 사람이 많이 다니지 않은 길임을 알 수 있었다. 요즘 웬만한 오름은 오르미들이 자주 다녔던 흔적으로 길이 잘 다듬어져 있는데, 산방산은 입산을 통제하고 있어서인지 잡풀이 통로를 덮고 있었다. 키만한 잡풀이 손을 내미는 숲길을 헤쳐 지나자 바위덩이인 산방산의 몸체를 만날 수 있었다. 산중턱으로 갈수록 바위와 흙으로 덮인 산방산의 속살이 보인다. 경사가 심해 자칫 잘못하면 돌멩이와 함께 아래로 굴러 떨어질 것 같은 불안감으로 조심조심 걸음을 내 디뎠다. 크고 작은 바위 옆에는 더 작은 돌덩이가 나뒹굴고 있었고 흙속에 있어야 할 나무뿌리가 덩그러니 나와 있는 곳도 있었다. 빗물에 패인 곳은 작은 골짜기를 이루어 상처마냥 벌건 속살을 내보이고 있었다. 큰비가 오면 거침없이 쓸어내려갈 처지의 돌과 흙이 간신히 경사로에서 버티고 있어서 그대로 두었다가는 몇 년 후에는 나무까지 위태로워질 것 같았다. 흙 자체를 지탱해 줄 어떤 작은 식물들이 자랄 수 있는 환경을 만들어주어야겠다는 생각이 들었다.

꼭대기를 향해 갈수록 흐르는 땀의 농도는 짙어졌고 정상에 대한 기대감도 점점 커졌다. 사람들은 이래서 산을 오르는지 모르겠다. 올라갈 때의 땀에 대한 보상을 정상에서 다 받고 오기 때문이 아닐까? 설령 끝까지 올라갔을 때 기대하는 것 만큼의 보상이 주어지지 않더라도 쉬임없이 오르는 그 자체를 즐길 수도 있기 때문이다. 오르는 그 자체가 그 어떤 곳을 향하여 한 걸음 한 걸음 오르고 있다는 사실에 만족감을 느끼면서 말이다. 사실 나도 그렇다. 오름을 오를 때나 산을 오를 때 나의 건강을 위한 운동코스이기도 하지만, 그때마다 나는 지금 열심히 어딘가에 오르고 있다는 것 그 자체에 위안을 받는다. 인생에 있어서도 그렇다. 내가 지금보다 더 높은 곳을 향하여 쉬임없이 노력하고 있다는 그 자체에 위안을 받는다. 그 높은 곳에서의 보상이 실망스러울지라도 그렇게 어딘가를 향해 가고 있다는 그 자체가 곧 인생이다.

정상부분에 이르자 큰 바위덩어리가 수호신마냥 버티고 있었다. 바위의 몸체에는 그 옛날 청춘남녀가 이 산에 올라 사랑의 서약으로 새겨놓은 듯한 남녀의 이름들이 또렷이 남아 있다. 그 이름의 주인공들은 지금까지도 그 서약을 얼마나 잘 지키며 살아가고 있을까? 남편과 이곳에 올라 올 수 있음에 감사하며, 산방덕이와 고승의 사랑이야기를 기억하며 사진 속에 두 사람을 담았다.

전설에 의하면 옛날 한 포수가 한라산에 사냥을 나갔다가 잘못해서 산신의 궁둥이를 활로 쏘자 산신이 화가 나서 한라산 봉우리를 뽑아 던진 것이 날아와 산방산이 되고 뽑힌 자리가 백록담이 되었다는 말이 있다. 또 산방산에는 산방덕이와 고승의 지고지순한 사랑 이야기가 전설로 전해져 오고 있다. 산방덕이는 원래 신이었는데, 고승을 사랑하게 되어 이승에서 사람이 되어 고승과 행복하게 살던 중 대정고을에 사또가 산방덕이의 미모에 반해 산방덕이를 취하려 온갖 계략을 꾸몄지만 그에 굴하지 않고 남편을 위한 사랑으로 바위가 되었다는 이야기다.

정상에 솟아있는 큰 바위에 올라서니 사방이 확 트이면서 저 아래 용머리 해안이며 화순 바닷가 해안선이 너무나 아름답게 보였다. 바로 밑에 내려다 보니 용머리해안과 바다 위에 나란히 서 있는 형제 섬이 보이고 멀리 송악산과 사계리 해안도로가 그림처럼 평화롭게 보였다. 눈을 돌리니 가파도 마라도가 아스라이 보였다. 보이는 모든 것이 너무 멋지고 아름다워서 저절로 환호성이 터져나왔다. 심호흡으로 하늘과 땅과 바다의 정기를 한꺼번에 받아들이니, 몸과 마음이 그야말로 상쾌, 통쾌, 유쾌다.

가장 아름다운 숲

토요휴업일이라 집안일을 하다 보니 벌써 대낮이다. 청명한 가을 하늘은 싱숭생숭한 내 마음을 어디론가 떠나게 만든다. 그런 나의 마음을 읽었는지 남편은 전국에서 가장 아름다운 숲을 보여줄 테니 준비하란다. 집안일이야 하루 종일 해도 끝이 없는 법, 후다닥 챙기고 일단 차에 올랐다. 차는 한경면 저지리에 있는 저지오름을 향해 달린다. 저지오름은 생명의 숲 국민운동 본부(이사장 김후란)와 유한킴벌리, 산림청이 6일 공동으로 마련한 2007년 제8회 아름다운 숲 전국대회에서 숲길 부문에서 '아름다운 숲'에 선정됐다. 전국에서 대상을 받을 만큼 아름다운 곳을 직접 가볼 수 있게 되다니 자동차 안에서부터 기대가 되고 흥분되었다.

저지리 마을에 들어서자 푸른 봉우리가 마을 북쪽에 보이기는 하는 데 오름 입구가 보이지 않는다. 지나가는 사람에게 물었더니 모르겠다는 대답뿐, 할 수 없이 동네 가게에 가서 물었다. 저지리 마을회

관 옆 벽면에 '오름 가는 길' 이란 조그만 팻말을 발견하기는 쉽지 않았다.

마을 회관 앞에 차를 세우고 화살표 방향을 따라 마을로 들어섰다. 여느 오름 입구와는 다른 올레 길이다. 고향 마을에 온 것처럼 포근하고 편안해진다. 마을 길 울타리에는 갓 익은 강낭콩 꼬투리가 알차게 여물었다. 누군가가 뿌려놓아 이렇게 결실은 맺었다. 구불구불 올레 길을 따라 걷노라니 오름으로 가는 좁은 길이 오름을 안내한다. 입구에는 축하 현수막이 자랑을 한다. 제주도민으로서 반가운 마음과 함께 속으로 박수를 보냈다.

발걸음을 옮기니 온갖 이름 모를 나무와 덩굴들이 어우러져 인사를 한다. 센달나무, 쥐똥나무가 배시시 반기고 팔손이나무가 손을 흔들었다. 인동덩굴, 청미래덩굴도 고개를 내밀어 자기를 알아달라고 한다. 돌계단을 올라 오름 중턱에 이르니 잘 다듬어진 산책로가 나왔다. 산책로 양쪽에 서 있는 소나무와 삼나무들은 하늘을 향해 힘차게 쭉쭉 뻗어 있어서 멋진 사관생도들이 사열한 모습을 연상케 했다. 잘 뻗은 소나무 숲 사이사이로 보이는 가을 하늘은 푸르고 깨끗했다. 오름 중턱을 반쯤 돌았을 때 정상방향으로 발길을 돌려 계단을 오르다 보니 숲으로 덮인 작은 분화구가 나왔다. 분화구 안에는 이름 모를 나무와 풀들이 대가족을 이루어 자라고 있었다. 가끔씩 만나는 이름표 달린 식구들을 찬찬히 바라본다. 자연의 생태에 따라 자란 식물들이다. 우리 아이들도 어른도 이처럼 자연생태적으로 살아야 하는 데, 너무나 조작적으로 키워지는 아이들이 안타깝다. 주위를 한바퀴 돌았더니 오름 정상에 다다랐다. 정상에는 작은 나무평상과 산불감시단이 머무르는 조그만 집과 저지 오름에 대한 안내판이 서 있다.

해발 고도가 230 미터의 저지오름은 저지리 마을이 생겼을 당시에는 초가지붕을 이는 띠(제주말로 새)로 덮여있는 민둥산이었다. 그래서 옛날에는 새오름이라고 불리었는데 저지리 마을 주민들이 오름에 나무를 심어 이렇게 울창한 숲이 되었다.

그 당시 저지리 사람들이 나무를 심는 장면을 생각하니 거룩하기까지 했다. '오늘 세상이 종말이 온다 해도 한 그루의 나무를 심겠다.' 고 한 스피노자의 말이 생각났다. 후세에 이렇게 아름다운 숲이 되리라고 그들은 기대했을까. 설령 선조들이 나무를 심었다 해도 오늘날 후손들이 오름을 가꾸고 아름다운 숲으로 만들려는 의지가 없었다면 지금처럼 아름다운 숲이 되지 않았을 것이다.

저지리 마을 주민들의 저지오름에 대한 정성어린 마음이 오름 곳곳에서 느껴졌다. 올라가는 돌계단이나 나무이름 하나하나에도 정성이 깃들어 있었는데 그런 선조들의 사연이 있었다니 마음 속으로 숙연해졌다.

정상에서 사방을 둘러보았다. 고산 수월봉과 한림 비양도, 산방산, 송악산이 다 보였고 한림지역의 마을도 그림처럼 아름답게 보였다.

저지오름의 매력은 여느 오름과는 달리 산책로가 잘 정비되어 있다는 것이다. 오름 중턱을 빙 돌아 걸을 수 있도록 산책로를 만들었는데, 양쪽으로 나무가 우거진 사이로 둘이서 걸으면 영화에 나오는 주인공이 부럽지 않을 정도다. 그리고 나무들에게 예쁜 이름표를 달아준 것도 특이하다. 그 만큼 저지오름을 가꾸는데 마을 주민들이 정성을 들인다는 뜻이기도 하다. 총 35헥타르에 해당하는 오름소나무, 삼나무, 상산, 팽나무 등 70과 2백20여종 2만 여 그루가 자라고 있다고 한다. 오름의 산책로를 따라 걷는 동안 내내 숲의 호흡소리가 들리는 듯했다. 오름에 왔다는 느낌보다는 데이트를 하는 느낌이 들어 더 좋았다. 오름을 한 바퀴 돌아오는 동안 안락한 숲속에 푹 빠졌다가 나온 기분이었다. 좋은 사람들과 꼭 한 번 와보라고 권하고 싶은 곳이다.

내려오는 길에 아이들을 데리고 올라가는 부부 몇 쌍을 만났다. 아마도 이 마을에 사는 사람들 같았다. 아이들도 신나고 부부도 즐거운 표정이다. 이 저지오름에서 내뿜는 푸른 에너지가 그들과 저지리 마을 주민들을 행복하게 할 것이다. 오늘 나도 행복했으니 말이다. 이 푸르고 아름다운 저지오름은 후손들에게 물려주어야 할 것이 어떤 것인지를 말없이 가르치고 있다. 그것은 곧 훼손되지 않은 아름다운 자연환경이다.

오름 입구 슈퍼 자판기에서 뽑아 마신 커피 맛이 저지오름 만큼이나 좋았다. 이 오름이 이렇게 아름다운 숲으로 인정받을 수 있도록 정성을 들인 저지리 주민들에게도 고맙고, 그런 오름을 오를 수 있는 기회를 준 남편에게도 고마운 마음이 든다.

수목원에서 만난 시인

제주특별자치도교육청 주관으로 두 번째 책 축제가 한라수목원에서 있었다. 필자는 〈작가와의 산책〉이라는 부분행사에서 독후감 심사차 축제장에 갔다가, 운 좋게도 정일근 시인의 문학 특강을 듣게 되었다. 평소에 정 시인에 대하여 많이 알지는 못하였지만, 교과서에 시가 실릴 정도로 좋은 시를 쓰는 시인이라 뒤쪽에 자리를 잡았다.

그는 진해에서 출생했다고 했다. 진해에는 벚나무가 많다. 해마다 행하여지는 진해 벚꽃축제는 유명하다. 그래서 그런지 그는 벚나무 이야기부터 했다. 시인이 되는데 가장 큰 영향을 준 나무가 벚나무란다. 벚꽃을 보고 눈물이 났단다. 첫사랑의 여인을 벚나무 밑에서 만났고 그 여자와 헤어진 후 벚나무 밑에서 눈물을 흘렸단다. 그래서 벚꽃이 떨어져 바람에 날리는 것을 보면 기쁨만 있는 것이 아니라 슬픔도 느꼈단다. 꽃잎이 눈처럼 날리는 모습에서 기쁨, 슬픔을 느낀 사람은 비단 정일근 시인뿐이 아닐 것이다. 필자 역시 벚나무의 수많은 꽃잎이 바람에 날릴 때 슬픔을 느낀다. 인생의 무상함이 떠오르기 때문이다. 혼신의 힘으로 꽃을 피워 세상에서 잠시 주목을 받다가 이제 화장터에서 나온 가루처럼 허공에 뿌려지는 것과 무엇이 다르랴. 이렇게 나무는 정일근을 슬프게도 기쁘게도 했고 그 슬픔이 시를 탄생시켰다.

나에게도 잊혀지지 않은 고향나무가 있다. 동네 입구 삼거리에 커다란 멀구슬 나무다. 나무는 여름에 초록의 잎으로 무장을 하고 우리를 반겼다. 보랏빛 꽃을 피워 나름대로 자신을 치장하였지만, 그 꽃이 예쁘다는 생각을 해 본 적이 없다. 여름이면 그 나무 밑은 놀이터가 되었다. 고무줄도 하고 공기놀이도 하고, 낮잠을 자기도 했다. 한 여름에는 매미가 위-잉 위-잉 그 나무에서 잘도 울었다. 어린 악동들은 그 나무위로 올라가 노래도 부르고 매미도 잡았다. 그래도 나무는 좋아라 살랑살랑 잎을 흔들었고 작은 열매까지 선물했다. 그 나무 밑에서 함께 놀았던 중학교 육촌 오빠가 물에 빠져 죽었다는 소식을 들었을 때 나는 그 나무 아래서 남몰래 울었다. 지금은 신도시가 들어서서 마을 자체가 없어져 버려 추억 속의 나무로 밖에 남아 있지 않다.

장독대에 있는 앵두나무도 나의 나무였다. 하얀 앵두꽃이 필 때는 벌과 나비들이 와서 놀았지만, 빨간 앵두가 익으면 나의 차지가 되었다. 매일 한 사발씩 앵두를 따도 다음 날이면 다시 빨갛게 익은 앵두가 생겨났다. 이렇게 며칠 동안은 앵두나무와 나는 떼려야 뗄 수 없는 사이가 되었다. 그 후 새로 이사 온 집 마당에 앵두나무 한 그루가 나의 옛 추억을 되살려 주었다. 작년에 빨간 앵두 한 사발을 따며 앵두나무에게 처음으로 고맙다고 했다.

생각해보니 우리 집 마당에는 다른 나무들도 많다. 한 그루 한 그루 모두가 소중하고 사랑스런 나무다. 우리 집의 운치를 더해 주는 팽나무는 우리 집 나무 중 제일 나이가 많은 나무다. 그리고 나의 마음을 든든하게 해 주는 소나무는 언제 봐도 믿음직스럽다. 지금 한창 꽃 자랑을 하는 배나무는 꽃이 애교스러워서 나는 참 좋다. 작년에는 아기 주먹만 한 배를 여럿 달렸다. 감나무 또한 고맙고 사랑스럽다. 감꽃의 향기와 맛있는 단감을 선물해 주었다.

우리 학교에도 많은 나무들이 있다. 그런 나무들을 보면서 무심히 그저 아무생각 없이 지나치는 아이들에게 나무와 교감할 수 있는 계기를 만들었다. 4월 5일 식목일을 맞아 학교에 있는 나무 중 나의 나무를 정하도록 했다. 그 나무에게 별칭을 지어주고 나무와 친구가 되어 자주 만나서 대화하고 잘 돌보아 주기로 했다. 아이들은 자기 나무에 나름대로 의미를 부여하고 자기만의 언어로 대화를 나누었으리라. 나의 라임오렌지나무의 제제처럼 힘들고 어려운 일이 있을 때 또는 즐겁고 기쁜 일이 있을 때 나무와 이야기를 나눌 수 있기를 기대해 본다. 첨단을 달리는 장난감보다 오히려 나무 한그루가 진정한 친구가 될 수 있기 때문이다.

나무는 늘 그 자리에서 우리의 영혼을 받아준다. 그저 주어진 환경에서 늘 최선의 삶을 산다. 정일근 시인이 기자시절에 두 달밖에 못 산다는 뇌종양 선고를 받았을 때 그는 아파트를 떠나 산골 나무집으로 이사를 왔고 그 후 이렇게 시인으로서의 왕성한 삶을 사는 것도 다 나무의 덕이라고 했다. 아무리 과학이 발달한 시대라도 사람은 자연이 주는 나무, 흙, 돌을 더 가까이 해야 할 것임을 말해준다.

동행

초등학교 동창모임에서 처음으로 도외나들이를 하게 되었다. 두 달마다 만나는 정기모임에서 가자가자 하던 말이 실행으로 옮겨지게 된 것이다. 적은 비용으로 더 아기자기한 추억을 만들기 위해 뱃길을 택했다. 뱃길 여행은 서민적이면서도 낭만적이어서 좋다. 집 떠난 사람들이라는 공통점 하나만으로도 마음을 열기에 좋은 곳이 배 안이다.

흔히 인생을 뱃길에 비유한다. 뱃길에 비유하는 까닭은 우리네 인생도 망망대해와 같이 넓고 큰 우주 속의 미물로서 늘 출렁이는 파도 위를 온전하게 버티며 목적지를 향해 앞으로 나아가야 하기 때문이다. 같은 배를 타면 그 시간 동안은 운명을 같이하는 동반자가 되는 것이다. 2박 3일 동안 동행하게 될 남여 동창 십여 명은 이성이지만 동성처럼 서로 거리낌이 없었다.

산을 오르는 것도 인생길과 흡사하다. 산을 좋아하는 사람들은 산이 있어 산에 간다고 하지만, 산의 정상을 밟는 희열은 인생의 정점에 이른 것과 같은 뿌듯함이 있기에 산을 오르는 것이리라.

팔영산은 전라남도 고흥군 소백산맥의 끝에 자리하고 있다. 여덟 봉우리의 그림자가 전국을 드리울 정도로 넓다고 하여 팔영산八影山이라 불렀다. 초나라 위왕이 어느 날 세숫대야에 비친 여덟 봉우리 그림자를 보고 감탄하여 그 산을 찾으라는 어명을 내렸고, 신하들이 수십 년 걸려 찾았다는 전설이 있는 산이다. 여덟 개의 봉우리를 하루에 다 오르고 당일 제주로 가는 배를 타야 하니 새벽부터 마음을 다잡고 출발을 서둘렀다. 칠월의 새벽공기를 가르며 산 아래 도착한 후 팔영산을 바라보니 낙타의 등을 연상케 하는 바위봉우리 여덟 개가 우뚝우뚝 나란히 서 있다. 바위의 웅장함과 아기자기함이 함께 어우러져 봉우리가 하나인 산보다 훨씬 매력적이고 아름다웠다.

산 서쪽 능가사 입구에서 출발하여 조금 경사진 숲길을 30여분 올라가니 제1봉에 이르는 안내판이 보였다. 8개의 봉우리를 오르는 코스가 여럿 있었는데, 우리는 제1봉부터 순서대로 오르기로 했다. 점점 돌 바위들이 앞을 가리더니 산의 몸체인 거대한 바위들이 곳곳에 버티고 서 있다. 거의 90도가 되는 바위벽에 철제계단과 사다리가 설치되어있었다. 그런 곳이 한두 군데가 아니다. 보기만 해도 아찔했다. 여자들만은 감히 엄두도 못 낼 정도다. 도전하는 용기가 필요했다. 함께 간 남자 동창들이 걱정하는 여자들을 안심시켰다. 한발 한발 계단을 오르고 사다리를 건넜다. 다리가 후들거리기도 했지만 그럴수록 바짝 긴장해서 한 걸음씩 오르다보니 아슬아슬함이 주는 짜릿함이 온몸에 퍼진다. 그 기분에 마음까지도 신이 났다. 남자동창들은 위에서 잡아 끌어주고 아래에서 받혀주면서 안전요원 노릇을 완벽하게 해냈다. 평소 모임에서는 말수도 적고, 있는 듯 없는 듯 했던 남자 동창은 산에서만큼은 자신만만한 모습으로 전문가 못지않게 안전하게 안내를 잘 해 주었다. 무엇이든지 자신 있는 분야가 있는 법이다.

동행한 남자동창들은 어느 하나 나무랄 데가 없다. 우스갯소리를 잘해서 배꼽을 잡게 하는 동창, 먹을 것을 잘 챙겨서 입을 행복하게 하는 동창, 운전을 안전하게 하는 동창, 모두가 제몫을 다하는 착한 남자 동창들 덕분에 여자들은 잠시나마 호강을 누릴 수 있었다.

동창끼리라서 '○○야' 하고 이름을 부르지만 집에 가면 모두가 다 믿음직한 남편이요, 훌륭한 아버지이다. 그들의 성긴 웃음소리와 점점 넓어진 이마의 주름살과 염색한 검은 머리카락을 보면서 나는 이 세상의 모든 남편들과 아버지를 생각했다. 이 세상 모든 남편들은 한때는 청춘의 면류관을 쓰고 탱탱한 피부와 맑은 눈과 검은 머리카락을 가졌었다. 그러나 남편과 아버지라는 이름으로 살아가는 동안 부양의 십자가가 주어졌고 그 십자가를 지고 먼 길을 걸어오다 보니 벌써 주름살이 패인 인생의 후반전을 맞이하게 된 것이다.

해발 608m의 팔영산은 봉우리마다 각기 다른 이름을 갖고 있다.

드디어 제1봉(유영봉)에 다다르자 만세가 절로 나왔다. 그 순간 느끼는 성취감이란 어느 오름 정상에 선 것보다 더 했다. 어떤 산을 오르던지 정상에 올랐을 때의 기쁨은 오르는 과정의 노고에 비례한다. 힘들여 오른 만큼 정상에서의 희열도 그 만큼 큰 법이다. 넓적한 바위 위에서 팔영산의 정기를 깊이 들이마셨다.

제2봉인 성주봉에 다다르니 제1봉보다 더 감회가 깊다. 야호 소리가 절로 나온다. 자연은 이렇게 사람에게 호연지기의 기상을 심어준다. 한 친구는 높은 바위 위에서 나는 몸짓으로 양팔을 벌리고 아래로 뛰어내릴 시늉을 한다. 정말 뛰어내리면 저 아래로 훨훨 날 수 있을 것 같은 착각에 빠졌다. 아무것도 생각하지 않고 그저 이 순간에 내가 이곳에 있다는 자체만으로도 행복했다.

생황봉, 사자봉, 오로봉, 두류봉, 칠성봉, 적취봉을 하나하나 정복할 때마다 내가 해냈다는 짜릿함이 점점 커졌다. 봉우리에 오를 때마다 사방이 확 트여서 바다와 이어진 우리 국토의 한 자락을 내려다보았다. 굽이굽이 돌아드는 하천과 그 사이에 자리한 논과 밭, 모두가 정겹게 느껴졌다.

마지막 봉우리에서 지금까지 지나온 길을 돌아보았다. 절벽에 설치된 아찔한 쇠 난간을 보면서 여기까지 온 것에 감사했다.

내가 살아온 지난 시간도 팔영산의 여덟 봉우리를 정복하는 것처럼 때로는 무섭고 아슬아슬했지만, 그때마다 한발 한발 잘 건너왔다. 그럴 수 있었던 것은 나의 가는 길에서 든든한 안내자와 안전요원 역할을 해 주는 분들이 있었기 때문이다. 그래서 나는 지금까지 나의 삶에 동행해준 모든 사람들에게 감사하며 또한 살아온 모든 시간에 감사한다.

남도에서의 추억

무엇이든 첫 경험은 더 설레고 기대되는 법, 여고 동창회 조직 후 처음 도외 나들이를 하는 것이라 모두가 상기된 표정이다. 여행은 인생을 즐길 수 있는 방법을 알려주기도 하고 철학자가 되는 기회를 제공한다. 오십대까지 열심히 달려왔는데, 이제 뒤돌아보니 남은 것은 뿌듯함보다는 속살 빠진 수세미속마냥 허전함이 더 커지는 이유는 인생의 가을을 만났다는 증거일 게다. 그래도 지금까지 잘 살아냈다고 스스로 위로도 할 겸 가방 하나 둘러메고 이렇게 부두로 달려온 친구들이 아닌가.

모든 행사의 성패는 날씨가 반은 좌우한다. 우리가 출발하는 그날도 그야말로 끝내주는 날씨였다. 시월의 높고 청정한 하늘, 시원하고 상큼한 공기, 빛나는 태양이 우리의 나들이를 축복해 주었다.

동창의 도움으로 2등실로 승격(?) 입실한 아줌마 열한 명은 멀미할 새도 없이 요가로 몸을 풀어야 한다는 한 친구의 시범에 따라 온몸으로 신체쇼를 하였다. 한 쪽에서는 마흔여덟 장의 동양화 감상, 다른 한 쪽에서는 남도기행에 대한 진지한 이야기가 오가는 동안 어느새 완도항이 저만치서 배시시 웃으며 반겼다.

남도에서의 첫 행선지는 조선시대 경덕왕 때 지어진 절, 미황사이다. 미황사는 기암절벽과 나무가 어우러진 달마산 자락에 자리잡고 있다. 달마산이 마치 병풍처럼 절을 감싸 안고 있어서 포근하고 아늑하였다. 우뚝우뚝 솟은 절벽은 마치 금강산을 연상할 만큼 웅장하면서도 오밀조밀하여 한 폭의 산수화처럼 기품이 있고 아름다웠다. 대웅전 주변에는 노란 감나무 세 그루가 미황사의 가을을 더욱 아름답게 나타내고 있었다.

마침 그날이 괘불재, 만물공양을 하는 날이고, 스님의 설법이 있어서 절 마당은 신도들로 가득했다. 스님의 설법을 듣는 신도들의 태도가 너무 진지하여 카톨릭 신자인 필자도 잠시 자리 깔고 앉아서 부처의 가르침을 들었다. 한 쪽에는 만물공양으로 바쳐진 햇과일, 햅쌀, 햇콩, 호박, 책, 차 등이 차곡차곡 놓여졌다. 한 방울의 물에도 천지의 은혜가 스며있고 한 톨의 곡식에도 만인의 노고가 담겨 있다는데, 여기에 바쳐진 모든 것이 정성을 다한 결과물이기에 감사하는 마음으로 부처님께 올리는 것이다. 이 좋은 계절에 더구나 여고시절 친구들과 함께 이곳에 올 수 있게 해 주심에 감사하는 마음을 오롯이 공양하였다.

땅끝 마을은 오래 전에 봤던 호젓한 분위기가 아니다. 어디나 유명세를 타면 편리성과 효율성의 명목으로 국토가 온전치 못하는 데 이곳도 예외는 아니다. 그 사이에 전망대 탑도 세워지고 오르내리는 모노레일도 생겼다. 관광지가 되니 장사꾼들이 시골의 호젓함을 빼앗아가는 것 같아 아쉬웠다. 전망대에 올라가 우리 국토의 끝자락을 내려다보니 바다는 유유하고 올망졸망한 크고 작은 섬들이 평화롭다. 그들은 저마다의 이름을 간직한 채 제자리에서 우리의 땅끝 한 자락을 지키고 있다. 날씨가 아주 맑은 날은 한라산까지 보인다는 말에 아무리 고개를 늘려 봐도 한라산은 보이지 않았다. 이 남도의 끝에서 한라산을 보겠다는 게 어쩌면 욕심인지도 모른다는 생각을 했다.

두륜산 케이블카로 약 1.6km라는 거리를 공중이동하고 어스름에 두륜산 정상에 서자, 산 아래는 이제 막 불빛들이 서둘러 저녁을 맞고 있었다. 케이블카를 한 시간여를 기다리고 타야할 정도로 사람이 많기에, 문득 제주도 한라산에 케이블카를 놓으면 이처럼 사람들이 많이 오르내릴까? 하는 생각을 했다.

여행의 맛은 먹는 즐거움을 빼놓을 수 없다. 저녁에는 완도에서 미리 준비해 간 전복을 곁들인 막걸리, 소주, 맥주를 비롯한 푸짐한 밥상이 우리를 행복하게 했다.

이튿날 두륜산 자락의 아침공기는 빗물에 씻은 듯 신선했고, 부지런한 친구들은 온천욕까지 즐겼으니 말 그대로 행복한 아침이다. 진도로 향하기 전 우항리 공룡화석 박물관에서는 가을분위기가 물씬 풍기는 갈대밭과 솟대 앞에서 한 편의 영화처럼 분위기를 잡았다. 누렇게 빛바랜 갈대밭이 인생에서의 가을을 맞은 우리와 너무도 닮아 더욱 동화되었으리라. 이제 오십 중반을 향하여 달려온 우리네 삶도 가을처럼 적당히 거두어들이고 빈 가슴으로 겨울을 맞을 준비를 해야 된다.

진도의 운림산방은 우리나라 남종화의 대가인 소치 허유가 그림을 그리던 곳이다. 소치선생은 추사 김정희선생에게 본격적인 서화수업을 받은 분이다. 소치선생과 추사 김정희 선생에 대하여 많이 알고 있는 친구가 있어서 문화해설사 못지않은 해설을 들으면서 곳곳을 들여다보았다. 아는 만큼 보인다는 말을 실감할 수 있게 해 준 친구가 너무 고마웠다. 이곳은 한때 개인이 소유하고 있었으나 소치 선생의 후손인 남농선생에 의해 다시 사들여졌고 후에 진도군에 기증하였다고 한다. 지금은 운림산방 옆에 진도 역사박물관을 건립하여 함께 진도군에서 관리하고 있다. 묵향으로 이어진 예술의 혼이 담긴 이곳을 둘러보자 추사 김정희 선생이 생각났다. 제주로 유배 와서 생활하던 추사 적거지도 운림산방 못지않은 곳인데 그 중요성을 과소평가 하는 것 같아 아쉬움이 컸다.

이순신장군의 지혜와 전략으로 승리했다는 울돌목의 진도대교를 걸어서 건넜다. 대교 밑을 흐르는 물살은 보기만 해도 쓸려갈 것 같이 거세게 휘감아 돌았다. 500여 년 전 전장의 흔적은 없고 이순신 장군의 동상만이 울돌목을 지키고 서 있다.

완도 항으로 돌아오는 버스에서는 1박 2일의 아쉬움을 노래로 달랬다. '여고시절', '아, 옛날이여' 등을 목청껏 불렀다. 여고시절, 그 시절로 돌아갈 수 없다는 그 이유 때문에 우리들의 노래는 더 아름다웠다.

거문 오름의 상처

고등학교 동창회에서 오름 기행을 간다는 문자를 받고 약속장소로 갔다. 생각보다 친구들이 많지 않다. 다들 바쁜가보다. 반가운 얼굴들과 함께 간단한 간식과 음료를 사고 목적지를 향하여 출발했다.

2007년 7월에 거문 오름 용암동굴계가 한라산 천연보호구역과 성산 일출봉 응회환을 포함하여 세계자연유산으로 등재된 지 1주년이 되었다. 그 기념으로 거문 오름의 진면목을 제주도민 및 해외관광객들에게 널리 알리기 위하여 트레킹 코스를 개발하여 특별 개방 하는 기간이라 목적지는 거문 오름으로 정했다. 10시에 못 미쳐 현장 입구에 도착했는데 휴일이라 탐방객들이 많아 입구에서부터 사람들이 북적거려 관광지를 방불케 했다. 팀별로 오름 해설사가 안내를 하고 있어서 초행길이지만 안심이 되었다.

입구에서 바라본 오름의 몸체는 웅장하게 탐방객을 기다리는 듯하다. 마을 입구에서부터 예쁜 꽃들과 시골 돌담이 정겹게 반긴다. 마을과 오름이 하나인 듯하다. 마음을 다잡고 해설사의 뒤를 따르다 처음 만난 것은 일제 강점기에 심었다는 삼나무다. 반세기를 넘긴 나무들이니 이 오름에 담긴 사연을 다 알고 있으리라. 꿋꿋하게 자라 하늘을 받히고 있으니 든든하다. 한 걸음 한 걸음 오르는 길에 삼나무의 향긋함도 따라온다. 오름 정상에 오를 즈음에 첫 번째 일본군 갱도를 만날 수 있었다. 안내자의 말에 의하면 이 오름에 이런 갱도가 10여 곳이나 된다고 했다. 갱도를 팔 때는 일본군의 감시 아래 우리 제주도민이 팠을 것이다. 총을 들고 감시하는 일본군 앞에서 갱도를 파는 우리 젊은이의 충혈된 눈동자를 생각하니 섬뜩해진다. 그 동굴에서 퍼부었던 총탄에 의해 죽은 영혼들이 천상으로 가지 못하고 저 검은 동굴 속을 떠다니고 있는지도 모른다는 생각을 하며 발길을 옮겼다.

능선위에 오르자 북쪽 시야가 훤히 보였다. 주변에 있는 오름이며 근처 마을길도 그림처럼 아름다웠다. 제주도에 오름이 없었다면 무미건조한 땅덩어리에 불과했을 것이라는 생각을 해 본다. 오름이 있어서 얼마나 아기자기한가? 오름을 보면 여자의 봉긋한 가슴이 연상되고 때로는 요염한 엉덩이가 떠오르는 것은 설령 나뿐만이 아니리라.

거문 오름 정상에서 잠시 사방을 둘러보았다. 해발 456미터밖에 안 되는 그리 높지 않은 오름이지만 주변 오름들이 한눈에 다 보였다. 오름 아래를 보니 숲으로 우거진 굼부리가 울창한 원시림을 방불케 할 정도로 짙푸르다. 태고의 역사를 품어 안은 채 말없이 푸른 정기를 내뿜는다.

내리막길을 돌아 드디어 밀림의 숲으로 들어갔다. 벌써 조금 전과는 다른 시원한 기운이 우리를 맞았다. 역사의 흔적을 따라 걷는다고 생각하니 가슴이 뿌듯하고 거룩하기까지 했지만 발걸음은 가벼웠다. 돌과 나무들이 엉킨 곶자왈에는 샌달나무, 삼나무, 식나무, 붓순나무, 천남성, 양하, 수국 등 온갖 나무와 풀들이 무성하게 그야말로 어우렁 더우렁 잘 자라고 있었다. 식물뿐만 아니라, 화산탄, 화산석이 군데군데 버티고 있었다. 이 모든 것들이 우리의 자랑스러운 자연유산인 것이다. 옛 선조들이 숯을 구웠던 숯가마 터도 거의 원형 그대로 남아 있었다. 숯을 구우면서 기거하였던 한 평 정도의 작은 방(?)의 흔적도 엿볼 수 있었다. 우리 할머니 세대에는 숯을 구워서 팔았다는 이야기를 들은 적이 있어서 그 자리가 더욱 애틋했다.

코스를 따라 걷다보니 더워졌다. 그런데 어떤 곳에 이르니 에어컨이 저리가라 할 정도로 시원한 냉기가 대지에서 올라왔다. 그곳에서 잠시 걸음을 멈추고 자연이 주는 냉기로 땀을 식혔다. 누군가가 '풍혈' 이라고 써놓았다. 자연은 참으로 말로 다할 수 없는 신비로움을 간직해서 더욱 가치가 있는 것같다. 아마도 그 밑이 큰 동굴이어서 차가운 공기가 올라오는 것이 아닌가하는 엉터리 해석(?)을 붙이면서 아쉽게 그 자리를 떴다.

태평양 전쟁 말기에 군수 물자를 이동했던 좁은 길을 따라 걸으면서 거문 오름이 안고 있는 아픈 상처를 되새겨본다. 그 상처의 흔적이 오름 곳곳에서 울부짖고 있다고 생각하니 마음이 싸해왔다. 제주도에는 이처럼 일본에 의해 상처투성이가 된 오름들이 몇 개 더 있는 것으로 알고 있다. 그뿐만이 아니라 4.3의 상처를 안고 있는 오름도 있다. 세월이 흘러 우리의 후손들은 잊어버릴지 모르지만, 그 오름들은 영원히 그 상처를 안고 살아갈 것임에 틀림이 없다.

바람의 아들

가을이 무르익은 11월 중순에 찾아간 김영갑 갤러리는 조용했고, 노랗게 핀 국화꽃 무더기에서는 故 김영갑을 기리는 향을 내뿜고 있었다. 마당 나무들도 그가 그리워 붉게 물든 나뭇잎을 눈물 대신 툭툭 땅에 떨어뜨린다. 그가 죽은지도 6개월이 다 되어간다.

전시실 입구에는 그의 생전 모습이 사진 속에서 기쁘지도 슬프지도 않은 표정으로 우리를 바라본다. 그의 죽음에 대한 애도의 마음도 잠깐, 그가 남긴 작품들이 그를 대신하여 인사를 한다.

"Misty ecstasy to open the eyes of our spirit(우리 영혼의 눈을 뜨게 하는 안개의 환희)" 라고 쓰여 있는 글귀가 나의 감각들을 깨운다.

영혼의 눈을 뜨게 하는 것이 그리 쉬운 일인가?

그가 이 세상 사람이었을 때 한 번 이곳을 방문한 적이 있었다. 그는 깡마른 체구에 짙은 카키색 코트를 입고 있었고, 회색빛 빵모자 아래로 머리토막이 삐죽이 나와 있었다. 그가 근위축증(루게릭병)을 앓고 있다고 들은 터라 약간의 연민을 갖고 그와 눈을 마주쳤지만, 곧 바로 시선을 돌려야 했다. 그의 표정이 너무도 담담했기 때문이다. 그도 갤러리를 찾는 많은 사람 중의 한 사람인 나를 특별하게 의식하지 않았다. '루게릭병을 안고 살아가는 한 인간이 바로 나다.' 라고 말하는 듯이 마치 자신도 갤러리의 한 작품인양 의자에 무표정하게 앉아 있었다. 관람객들의 시선에는 안타까움이 담겨 있었으나 그는 아랑곳하지 않았다. 전시실을 돌고 나왔을 때 그는 보이지 않았다. 그때가 내가 김영갑을 처음이자 마지막으로 본 때이다. 그가 쓴 수필집을 한 권 사는 것으로 만족해야 했다.

그는 1957년 충청남도 부여에서 태어났단다. 형님 친구 아버지가 경영하는 사진관에서 일하면서 사진을 배웠고, 그 후 1982년부터 제주도의 아름다운 풍광을 사진에 담고자 혼을 다하였던 사람이다. 그의 글에 의하면 "진짜는 두 눈이 아닌 심안으로 보아야 한다. 심안은 간절히 원한다고 열리는 것이 아니다. 앞뒤 재지 않고 육신을 내던져 간절히 소망할 때 마음의 문은 열린다."고 했다. 심안으로 사물을 보기가 그리 쉬운가? 육안으로 보기는 쉽지만, 심안이나 혜안으로 보기는 쉽지 않다. 육안으로 보면 판별하고 식별할 수 있을지는 몰라도 심안으로 보는 환희의 느낌이나 깨달음은 없다.

그가 이 세상 사람이 아니라는 생각을 하니 작품 하나하나가 더욱 소중하게 느껴지면서 전에 왔을 때보다 더 작품 감상에 몰입할 수 있었다. 그의 말대로 심안으로 작품을 느끼고 싶었다. 잠시 동안 작품을 지그시 응시한다. 들꽃들의 향연이며 억새들에게 휘어드는 바람 소리가 들려오는 듯했다. 지난번에 보았을 때의 오름 사진이 지금은 오름이 아닌 요염한 아낙의 젖가슴으로 보인다. 오름의 능선이 옆으로 드러누운 여인의 허리선과 엉덩이를 연상케 한다. 그가 오름에게 생명과 혼을 불어넣어주었기 때문이다. 내 감각을 뿌옇게 덮어버렸던 안개가 서서히 걷히더니 아름다움에 빠져드는 듯한 황홀감을 맛보았다. 그의 작품 앞에서는 내 안의 작은 섬모들이 모두 일어나 춤을 추었다. 마치 바닷속 해초들이 바닷물을 온몸으로 느끼는 것처럼. 작품 속의 석양은 사랑의 정열을 참지 못해 해를 붙잡아 놓으려고 붉게 물들었다. 자지러지게 핀 들꽃들을 보면서 저렇게 아름다운 꽃들이 제주도 어디에 있었는고? 그곳에 한 번 가서 그 꽃들의 향기를 맡고 만져보고 싶은 충동을 느꼈다.

그의 작품 속에는 바람이 늘 따라다닌다. 바람은 오름의 능선을 휘감기도 하고, 억새를 유혹하여 황홀하게 춤추게 한다. 또 바람은 구름 속을 헤집고 다니면서 구름의 가슴을 울렁이게 한다. 그래서 그가 찍은 구름사진 속에서는 구름의 울렁임과 바람소리가 들린다. 한그루의 나무와 들판에 우뚝 서 있는 전봇대도 모두가 이 세상 친구처럼 서로가 잘 어울린다. 오름의 품에 있는 소와 말, 제주특유의 돌담도 너무나 아름다운 정원이다.

사진작가는 그 대상이 가장 아름다울 때를 놓치지 않기 위하여 24시간을 깨어 있어야 한다고 말했다. 깨어 있는 시간은 물리적인 24시간이 아닌 인간을 지배하는 모든 감각들이 살아 움직이는 시간을 일컫는 말인지도 모른다. 그렇기 때문에 보통사람들의 눈으로는 볼 수 없는 장면들을 잡아낸다. 똑같은 오름인데 아침 모습이 다르고 저녁 모습이 다르다. 아침에는 안개 속에 잠들던 오름이 어느새 따사로운 햇살을 가득 받아 안았다가도 비바람 속에서 비와 함께 울기도 한다.

우리의 삶도 그러하다. 어떤 때는 안개와 구름 속에서 종잡을 수 없이 막막하다가도 언제 그랬더냐 싶게 활짝 펼 때가 있는가하면, 비바람 속에서 허우적거릴 때도 있다. 산이 구름을 만나고, 어둠을 만나고, 비와 바람을 만나 울고 웃는 것은 지극히 자연적인 것이며 또한 아름답기까지 하다. 우리의 삶에서 만나는 회한의 바람도, 고통의 비도 자연의 섭리라고 생각하면 아름다운 것이다. 때로는 울다가도 어떤 때는 웃고, 고함치고 분노하다가도 노래하고 춤추는 저 아름다운 자연을 누가 탓하리요. 김영갑이라는 한 사람이 루게릭병에 걸린 자신을 자연에 맡겨 치료를 거부한 이유도 바로 자신을 자연의 일부로 인식했음이 아니었을까?

민박집 이야기

일상생활에서 일탈을 꿈꾸는 일은 언제라도 즐겁다. 아이들 키우면서 아옹다옹 사느라 여유로운 여행 한 번 못하고 있던 차에 친구 부부와 함께 일단 제주도를 떠나기로 했다. 여름방학에 맞추어 날을 잡고 차에 이것저것 채워 넣고 떠나는 기분은 설레고 신이 났다. 아이들도 신이 났다. 무주구천동 계곡이 좋다고 하기에 그곳으로 목표를 정하고 차를 배에 실었다. 뱃전에서의 시원함이 끝나고 긴 자동차 여행이 시작되었다.

여름이라 아스팔트 위는 열기로 후끈거렸지만, 그런 더위쯤은 아무것도 아니었다. 목적지가 분명했고, 그곳에서의 즐거움을 상상하는 일이 더위를 잊게 해 주었다. 어느새 차는 무주에 도착했고 날은 저물어 갔다. 미리 예약한 민박집을 찾는 일은 그리 어렵지 않았다. 구천동 입구에 있는 나제통문을 지나자 우리가 예약한 민박집 간판이 눈에 띄었다. 파란 슬레이트 지붕과 울타리에 피어 있는 노란 해바라기가 먼저 우리를 맞는다. 기역자의 전형적인 시골집이었다.

주인 내외는 우리를 기다렸다면서 반갑게 인사를 한다. 민박집 마당 한 쪽에는 가마솥이 앉혀있고, 또 다른 쪽에는 닭장과 개집이 있었다. 개 한 마리가 꼬리를 흔들며 인사를 대신한다. 아주머니가 안내하는 방은 청소가 깨끗이 되어 있었다. 구천동 계곡이 여름 피서지로 좋다는 입소문이 한창일 때라 주인집 방 두 칸을 민박용으로 내어놓은 것 같았다. 우리가 짐을 푸는 사이에 아주머니는 마당에서 장작불을 지피며 저녁준비를 한다. 검은 무쇠솥을 앉히고 장작불을 지피는 모습은 마치 장모가 사위를 위해 음식을 준비하는 것처럼 정성이 피어난다. 제주도에서는 가스를 쓸 때였는데, 여태 장작불로 밥을 짓다니 문화의 차이를 느끼지 않을 수 없었다. 한참 후 정성어린 저녁상이 들어왔고, 우리는 입맛을 다시며 수저를 드는데 어디서 날아왔는지 불청객 파리들도 함께 밥상에 매달렸다. 한손으로 파리를 쫓으면서 저녁밥을 먹었던 기억은 지금도 잊혀지지 않는다. 아마도 마당 한쪽에 닭장이 있어서 파리가 많았는지도 모르지만, 지금 생각해보면 참 그때도 옛날이었구나 하는 생각이 든다. 그렇다고 주인께 대놓고 불평을 할 수도 없었다. 왜냐하면 주인 내외가 우리를 최고의 손님으로 대접하려는 정성스런 마음이 느껴졌기 때문이다.

밤이 되자 주인아저씨는 앞개울에 가서 메기를 잡아왔고 그것을 튀겨서 내어 놓는다. 주인아저씨와 소주잔을 주거니 받거니 하면서 정감어린 대화로 무주에서의 여름밤은 깊어만 갔다. 자식들은 서울에서 산다며 은근히 자랑하는 주인아저씨의 주름진 얼굴엔 행복의 미소가 감돌았다.

다음날 저녁메뉴는 닭백숙과 닭죽이었다. 알고 보니 닭장 안의 닭이었다. 굳이 닭을 잡아 요리를 하지 않아도 될 터인데, 주인아저씨는 내 집에 온 손님인데 어찌 소홀히 하느냐면서 다음날 헤어질 생각에 벌써 섭섭하다고 하셨다.

이틀 밤을 지낸 우리는 그동안 잘 대접해 준 민박집 주인께 감사의 인사를 하자, 주인아저씨께서 닭장 안으로 들어가시더니 닭 두 마리를 안고 나왔다. 우리 부부에게 한 마리, 친구부부에게 한 마리를 주시면서 "차에 싣고 가서 집에서 키우다가 잡아먹으시오." 하는 것이다. 우리는 정색을 하면서 "제주도가 얼마나 먼 곳인지 아세요? 어떻게 그 닭을 제주도까지 가져갑니까? 성의는 고맙지만 사양하겠습니다." 하고 거절을 했지만 막무가내다. 제주도와 전라북도 사이의 물리적 거리는 상관없고 2박 3일 동안 쌓인 정만이 1m도 안 되게 가까워져 있었다. 제주도까지 살아있는 닭을 가지고 간다는 것이 황당하고 난처했지만, 자기 집에 묵었던 손님들에게 뭔가를 주고 싶어 하는 주인아저씨의 마음을 더 이상 거절하지 못했다. 사연도 모르고 겁먹은 표정으로 눈알만 굴리던 암탉 두 마리는 자동차의 트렁크 속으로 들어갈 수밖에 없었다. 졸지에 무주구천동 닭이 제주도까지 여행을 하게 된 셈이다. 제주에 도착할 때까지 무사히 살아있기를 빌면서 휴게소에 들르면 먼저 닭의 안부를 확인하곤 했다. 결국 제주까지 무사히 살아온 닭은 한 달 정도를 우리 집 옥상에서 지내다가 식탁에 올라왔다.

지금까지의 이야기는 지금부터 10여 년 전의 일이다. 가끔 그때의 일을 떠올리면 혼자 웃음이 난다. 그리고 그 민박집 아주머니와 아저씨가 생각이 난다. 비록 파리가 많은 집이었지만, 손님에게 정성을 다한 두 분의 마음이 아직도 잊혀지지 않기 때문이다. 지금도 그 자리에 그 민박집이 그대로 있는지 그리고 주인아저씨와 아주머니도 잘 계신지 궁금하다.

2006년은 '제주방문의 해' 라고 한다. 제주를 방문하는 사람들에게 우리의 모습은 어떻게 비칠까? 제주를 찾는 사람들은 제주의 아름다운 풍경이나 잘 갖추어진 시설보다는 우리 제주사람들의 정감 속에 빠지고 싶고, 제주만의 풍속과의 참 만남을 더 기대하는지도 모른다. 제주 사람들과의 따뜻한 마음의 교류 말이다. 10여 년 전의 그 민박집 아주머니, 아저씨처럼, 진정 손님을 위하는 마음이 있다면, 한 번 찾았던 관광객들도 다시 찾아올 것이다. 한 번 다녀간 사람들이 다시 찾을 수 있도록 하는 것이 관건이다. 여행을 다녀오면 남는 것은 추억뿐이다. 그중에서도 가장 오래도록 남는 것이 함께 정을 나눈 사람들과의 추억이다. 제주도에 온 사람들과 우리는 얼마나 함께하고 있는가? 그들과 함께 정을 나눌 때 제주에 대한 작은 추억 하나라도 더 만들어줄 수 있다.

인생의 고비

어리목 주차장에서 바라본 주변 풍경은 온통 신록이다. 녹색 싱그러움이 온몸으로 스며드는 것같다. 등반로 입구에서 만난 사람들은 모두가 활기에 찬 표정이다. 단체로 온 대학생들과 어린아이들의 발걸음은 더욱 가볍다. 역시 젊음이 곧 청춘이고 힘이다.

오랜 만에 하는 산행이라 마음을 다잡고 출발했지만, 얼마 걷지도 않았는데 벌써 숨이 차올라 헉헉거린다. 평소에 운동을 안했던 탓이다. 작년까지만 해도 다리가 이토록 무겁지는 않았는데…. 남편은 벌써 앞질러간 지가 오래다. 함께 온 사람과 보조를 맞추어 걸으면 좋으련만, 그저 자기 속도에 맞추어 휘휘 가버렸으니, 둘이 왔어도 혼자이다. 어차피 혼자 왔다가 혼자 가는 것이 인생이 아닌가. 혼자 걸으면서 상념에 잠기는 것도 싫지는 않다. '송덕수' 까지 왔으니, 숲길의 반은 올라온 셈이다. 조금만 쉬어갈까 하다가 앞서간 남편과의 거리를 조금이라도 좁히고 싶은 생각에서 참고 지나친다.

숨이 차오르면서 다리는 점점 힘을 잃어가고 몸은 휘청거린다. 멋있게 하늘로 뻗은 튼튼한 나무에 몸을 잠시 기댄다. 나무 사이로 비치는 하늘빛이 곱다. 심호흡으로 지친 몸을 추슬러 본다. 그때 "아주머니, 파이팅!"하는 소리가 들려 고개를 들었다. 중년의 남자다. "조금만 가면 다 왔어요! 힘내세요!" 환하게 웃으며 주먹을 쥐어 보인다. 나도 웃음으로 화답하고 다시 출발한다. 기분이 좋아진다. 몸에서 엔돌핀이 솟는 느낌이다. 신기하게도 올라가는 발걸음이 가벼워졌다. 그 남자의 미소와 파이팅이 나에게 새 힘을 주고 나의 발걸음을 한층 가볍게 만든 것이다.

한라산을 오르며 숨이 헉헉 차듯이 누구에게나 힘겨운 인생의 고비가 있다. 삶의 십자가가 힘들어서 도저히 더 이상은 한 걸음도 내디딜 수 없어 주저앉을 것 같은 순간에 누군가가 희망의 불씨 하나 주면 다시 일어설 수 있는 게 인생이다. 절망하고 체념해 버린 사람에게 진심어린 격려는 곧 희망의 씨앗이 되고 삶의 원천에서 싹이 돋게 한다. 스스로 자신을 일으켜 세우며 굳세게 살아가는 사람들도 삶의 원동력이 되어주는 누군가가 있기 때문이다.

칭찬은 고래도 춤추게 한다는 말처럼 칭찬과 격려는 움츠린 어깨에 날개를 달아주기도 하고, 절름발이에게 건강한 두 다리가 되어 줄 수도 있다. 그리고 닫힌 마음에 빛을 비추어 결국 마음을 열게 할 수도 있다. 자신에게 칭찬과 격려를 보냈던 사람들을 떠올리면 기분이 좋아지면서 힘이 솟는 법이다. 자신을 믿고 격려해 주는 사람 앞에서는 조금 힘든 일도 신나게 해낼 수 있다. 반면에 자신을 무능한 사람으로 여기는 사람 앞에서는 쉬운 일도 천근만근이고 이내 포기하고 싫어지는 것이 사람의 마음이다.

내 삶의 고비 고비마다 나에게 희망이라는 밧줄을 놓지 않도록 해 준 사람들을 떠올려 본다. 한라산을 오를 때처럼 내가 주저앉고 싶을 때 많은 사람들이 나에게 격려와 사랑이라는 양분을 주었기에 힘든 삶의 십자가도 가벼이 질 수가 있지 않았나 싶다. 사람은 사랑 없이는 못산다고 했듯이 칭찬이나 격려도 마찬가지다. 어찌 보면 칭찬이나 격려가 곧 사랑의 표현이요 실천이다. 나는 주변 사람들에게 얼마나 칭찬하고 격려하는가? 가깝다는 이유로 앞뒤 재지 않고 내뱉는 말들이 그들에게 상처가 됨을 알면서도 입을 다스리지 못한 책임이 다시 내게로 상처가 되어 돌아온다. 주변의 고마운 사람들을 떠올리면 미소와 함께 감사하는 마음이 자리한다. 자신에게 고마운 일은 쉽게 잊어버리고, 상처받은 일은 좀처럼 잊혀지지 않는다고 한다. 그래서 감사한 마음보다는 미움과 원망을 키우기가 더 쉽다. 그러나 마음먹기에 따라 행불행은 달라진다. 감사하는 마음을 키우느냐, 미워하는 마음을 키우느냐는 자신에게 달린 것이다. 이왕이면 고마운 일, 좋은 일을 떠올리면서 생활하고 싶다. 행복해서 웃는 것보다 웃으면 행복해진다는 말처럼 원망 대신 감사하자. 감사하면 감사할 일이 생길 것이고 미워하면 미워할 일만 생긴다. 신록의 잎들이 새로 하나하나 돋아나 숲을 푸르게 하듯이 감사하는 마음이 모이면 상처를 아우르는 큰 숲이 될 것이다.

내려오다가 돌계단 위에 털썩 주저앉은 꼬마를 만났다. 대략 다섯 살쯤으로 보이는데, 더 이상은 못 가겠다는 듯이 잔뜩 찌푸린 표정이다. 엄마는 몇 걸음 앞에서 난감한 표정으로 꼬마를 바라본다.

꼬마소녀에게 힘을 주어야겠다는 생각이 발동했다.

"와, 대단하다. 여기까지 걸어서 올라왔어?" 하면서 약간은 놀랍다는 표정으로 꼬마에게 다가갔다. 꼬마는 고개를 끄덕인다. "정말? 정말로 네가 여기까지 걸어 올라왔단 말이지?"

꼬마의 눈빛이 반짝거리면서 확신에 찬 표정으로 고개를 더 크게 끄덕인다. "어른들도 힘든 길을 이렇게 씩씩하게 걸어왔다니! 너 정말 대단하구나!" 내 말이 떨어지자마자 꼬마의 얼굴은 어느새 자긍심으로 무장된 밝은 표정으로 바뀌면서 엉덩이를 털고 일어나 폴짝폴짝 뛰듯이 걸어 올라간다. 그 모습을 보는 엄마의 얼굴도 금세 환해진다. 앞으로 얼마 동안은 힘차게 걸어갈 꼬마를 생각하니 뿌듯했다. 내가 누군가에게 힘이 되었다는 기쁨이 내려오는 발걸음을 더욱 가볍게 했다.

사랑, 보슬비로 촉촉이 젖어오는

시인 김종호

여는 말

김순신이 메일로 원고뭉치를 보내면서 내게 발문을 부탁하여왔다. 처음에 나는 무척 당황하였으나 이내 정중히 사양을 하였다. 그 까닭은 나는 수필을 좋아하여 즐겨 읽지만 수필문학에 천착하여 깊이 있게 공부한 적이 없기 때문이다. 비록 내가 시인이라는 명패를 이름 앞에다 붙이고 다니지만, 아직은 누구의 글을 '이다, 저다.' 하기에는 한참이나 멀다. 그럼에도 부탁이 간곡하니 어쩌랴. 나는 그저 한 독자의 자격으로 어쭙잖은 독후감이나 쓰리라 마음하여 본다.

어렸을 적 책방 주인이 되고 싶었던 소녀가 우리 앞에 수필가로 서 있다. 한 가정의 주부로서, 두 자녀의 어머니로서, 한 남자의 아내로서, 그리고 아이들의 꿈을 키우는 교육자로서, 독실한 천주교인으로서의 체험과 성찰을 엮어 소중한 첫 작품집을 내고 있는 것이다. 진심으로 축하를 드린다.

내가 김순신을 처음 조우한 것은 〈애월문학〉을 창립하면서였다. 그러니 2년 남짓한 짧은 시간이었다. 그럼에도 10년 지기처럼 가깝게 다가오는 것은 그녀의 인간적인 향기 때문이리라. 사소한 대화에서도 그는 언제나 진솔하며, 그의 말에는 군더더기가 없이 짧으면서도 핵심에 비껴가지 않는 정돈된 언어를 구사한다. 소주잔을 기울이면서도 흐트러짐이 없이 단정하고 다정다감하다. 이런 일관된 모습은 오십 중반에 들어서는 연륜이 말해 주듯이 살면서 겪어온 아픔과 슬픔과 그리움의 정서를 내면에서 삭혀낸 그녀의 중후한 인격일 터이다. 한 마디로 말하면 그의 수필집에 잔잔히 흐르는 향기는 가만히 젖어오는 사람 사랑이다.

어차피 수필이란 태생적으로 나의 얘기일 수밖에 없다. 나의 삶의 체험과 성찰의 이중주를 연주하는 것이 수필이라면, 소비자인 독자의 감응을 외면할 수 없는 바 자아반영의 진지성과 수필의 미학에 초점을 둔 작가의 얘기가 우리의 얘기로 변환되는 소통이 필요할 것이다. 그런 면에서 김순신은 그의 일상에서 만나는 사물이나 현상에 대하여 남다른 해석을 가능케 하는 시야를 가지고 있다. 아무리 사소한 것일지라도 그에게는 전혀 사소하지가 않다. 그것은 그 사소한 것의 내면에 흐르고 있는 본질(섭리)을 읽어내며 생명의 소리를 듣기 때문이다. 그것은 그의 눈이 불순물에 오염되지 않고 맑고 순수하다는 증거가 아닐까.

이제 그의 작품을 들여다보면서 그의 인생관과 철학으로 풀어내는 삶의 지혜와 향기, 그리고 범종의 낮은 울림으로 가슴에 배어오는 사랑, 그 촉촉한 눈을 들여다보자.

(1) 문득 들여다보는 거울

사람은 저만큼씩 자기 거울을 가지고 있다. 사람들은 그 거울을 통하여 세상을 들여다본다. 그 거울은 사람에 따라서, 자란 환경에 따라서, 또 나이를 먹으면서 달라지기도 한다. 김순신의 수필에 나타난 그녀의 거울은 소박하고 순수하고 맑다. 살다가 문득문득 들여다보는 거울, 거기 어렸을 적 모습은 없고 세월의 건천에 아쉽고 그리운 날들이 흐른다.

가을꽃 코스모스는 '外來花여서 그런지 늘 먼 곳을 발돋움하며 그리움에 피고진다.' 그 앞에 서면 '언제든지 令女趣味의 슬픈 로맨스가 쓰고 싶어진다.' 는 아직 소녀감성에 젖기도 하지만 '가을꽃은 아지랑이와 새소리를 모른다. 찬 달빛과 늙은 벌레소리에 피고 지는 것이 그들의 슬픔이요, 또한 명예이다.' 라는 이태준의 한 구절에 흠뻑 빠지는 50줄의 여인, 가슴 안에 많은 이야기들이 스멀스멀 꿈틀거린다. 먼저 〈가을꽃〉을 보자.

이제 50줄에 접어든 나에게 코스모스는 또 다른 모습으로 비쳐진다. 한여름처럼 팔팔 끓던 정열도, 신록 같던 청춘도 어울리지 않는다고 생각되는 나이가 되었을 때 가슴에 휑하니 바람구멍이 났었다. 빈 마음을 채워준 꽃이 코스모스다. 긴 여름을 지낸 후 가을이라는 길목에서 삶이 허허롭다고 느낄 때 코스모스는 먼지 날리는 도로변에서 마치 '지난 시간 수고했다.' 고 말하듯이 몸을 흔들고 있었다.

한 눈 팔 새도 없이 달려오다가 "긴 여름 말복더위의 꼬리 끝에까지 따라와 기세를 부리던 열성햇빛도 구월이 들면서 철든 며느리마냥 수그러들" 때쯤 김순신은 문득 한 세월을 느끼면서 '찬 달빛과 늙은 벌레소리 없이도' 잘 피어 있는 코스모스, '한여름 뙤약볕과 태풍이 휩쓸고 간 후에도' 의연하게 몸을 흔드는 코스모스로 서 있다. 언제 애련에 물들 새라도 있었나? 그녀가 건너온 산과 바다를아스라이 바라보면서 스스로 '지난 시간 수고했다.' 고 다독일 줄을 아는 스펀지 같은 감성을 지닌 여인으로 있다.

그런가 하면 김순신은 〈해와 달의 고집〉, 〈버스에서〉, 〈설득의 힘〉에서는 삶의 곳곳에서 만나는 갈등과 고통은 강하게 부딪치는 것이 아닌 '밤과 낮의 시공을 넘나들면서' 부드럽게 치유하는 '바람의 심혜안' 을 터득하고 있다. 이러한 심혜안은 늘 삶을 묵상하면서 몸으로 채득한 그녀의 생의 철학일 터이다.

그녀는 길을 가다가 구두점에 진열된 빨간 구두를 보고도 불쑥 유년시절을 떠올린다. 빨간 구두는 아무나 아무 때나 신을 수 있는 구두가 아니다. 김순신은 평소에 수수한 색의 옷과 또 그에 맞는 색깔의 구두를 신고 다니지만 그녀가 지금껏 살아오면서 두 번이나 빨간 구두를 신었던 추억이 있다. 보릿고개가 힘들던 '60년대는 어른이나 아이나 주로 검은 고무신을 신고 다니던' 때였다. 어느 날 서울에서 온 외삼촌의 약혼녀가 미니스커트에 선글라스를 쓰고 시골학교에 나타났다. 그 자체로 굉장한 사건이었지만 그보다 어린 순신에게 빨간 구두를 사주신 잊을 수 없는 대 사건이었다는 거다.

'에나멜 구두가 반짝거릴 때 내 가슴도 반짝거렸다' 는 이 한 문장으로 필자의 가슴도 덩달아 반짝거리는 거였다.

이튿날 나는 빨간 구두를 신고 학교에 갔다. 우리 동네 아이들은 빨간 구두를 신은 나를 부러움의 대상으로 바라보며 빨간 구두의 뒤를 졸졸 따라왔다. 나의 구두는 우리 반 신발장 전체를 빛나게 했다. 쉬는 시간이 되면 다른 학년 아이들까지 우리 반 신발장 앞으로 모여들었다. 창문에 고개를 바짝 들이대고 뽐내는 나의 빨간 구두를 흠모하듯이 바라보았다. 내가 구두를 신으면 그 흠모의 대상은 나로 바뀐다. 빨간 구두와 나는 한 몸이 된 것이다.

지금 구둣가게에 진열되어 있는 빨간 구두는 나 아닌 다른 주인을 기다리고 있다. 지금 내가 빨간 구두를 신고 싶은 게 아니다. 나이 오십에 빨간 구두를 신으면 '주책이 따로 없다.' 할 것이다. 내가 봐도 주책일 것같다.

그렇지만 앞으로 빨간 구두는 꼭 한 번 더 신고 싶다. 내 나이가 석양의 노을과 잘 어울리는 나이가 되었을 때 빨간 구두를 신고 싶다. 그때는 아마 주위사람들이 "할머니, 참 예쁜 구두를 신으셨군요!" 라고 인사를 할지도 모른다. 그러면 나는 또 다시 빨간 구두를 신었던 초등학고 시절을 회상하며 행복한 미소를 지을 테니까.

김순신은 결혼할 때에 또 한 번 빨간 구두를 신었다. 그리고 빨간 노을과 어울리는 나이가 되어서 꼭 한 번 더 빨간 구두를 신겠다고 한다. 사람은 누구나 생애에 한두 번은 빨간 구두를 신어봤을 것이다. 세상을 놀래게는 아니지만, 한 번쯤 내가 멋있다거나 자랑스러웠던 때가 있지 않았을까? 나르시스처럼 내가, 또는 내가 하는 일이 무척 행복했던 때 말이다. 우리는 그때, 그 일을 떠올리게 되면, 지금도 가슴이 벌렁거릴 때가 있지 않은가.

김순신은 결혼할 때에 빨간 투피스에 어울리는 빨간 구두를 또 한 번 신었다. 사람은 누구나 생애에 한두 번은 빨간 구두를 신어봤을 것이다. 세상을 놀래게는 아니지만, 한 번쯤 내가 멋있다거나 자랑스러웠던 때가 있지 않았을까? 나르시스처럼 내가, 또는 내가 하는 일이 자랑스럽다거나 무척 행복했던 때 말이다.

김순신은 '노을과 잘 어울리는 나이' 가 되어서 다시 한 번 더 빨간 구두를 신겠다고 한다. 그리고 아이들이 "할머니, 참 예쁜 구두를 신었군요!" 할 때 행복한 미소를 짓겠다고 한다. 필자 또한 그 빨간 구두를 꼭 한 번 신고 싶다. 〈빨간 구두〉는 문장도 수려하고 발상의 독특함과 구성이 잘된 수작이라 할 것이다.

〈세월을 품은 나이〉에서, '젊음은 그야말로 정신없이 지나갔다.' 라고 아쉬움을 고백하면서 '그동안 나와 함께 해 온 나이는 나의 지난 세월을 다 품고 있다. 나이는 곧 세월이다.' 라는 독백은 아름답고도 쓸쓸하지만 그녀가 살아온 세월을 긍정하면서 '성실과 최선' 이라는 가장 확실하고 긍정적인 삶의 무기로 그녀의 삶을 다져 가리라 하고 있다.

〈내 인생의 책 한 권〉에서는 신영복 저, 〈감옥으로부터의 사색〉이라는 책을 통하여 '깨어 있는 삶을 사는 사람의 모습' 을 보면서 아무리 열악한 환경 속에서도 '현재의 삶을 느끼며 관조하는 여유' 의 중요성을 말하고 있다. 한 권의 좋은 책으로 우리가 미처 가보지 못한 인생을 체험하며, 우리의 빈한한 가슴에 영양가를 주어 잠자는 영혼이 깨어나는 것이리라

〈해바라기〉에서는 한 뼘 정도의 '早老 해바라기' 를 보면서 아무리 '생명공학이나 과학이라는 이름으로' 일지라도 '모든 동식물이 과정과 시간을 충분히 누릴 권리' 를 마음대로 조작하는 것은 자연의 섭리를 파괴하는 인간의 오만이라고 지적하면서 자연과 인간은 보완관계에 있음을 생각하게 한다.

사람들은 흔히 인생을 말할 때 항해와 같다고 비유하는 데 바다에는 한 치 앞을 예측할 수 없는 위험이 기다리고 있기 때문일 것이다. 그 험한 바다는 동경의 대상으로 꿈과 용기와 인내를 요구하기도 하지만 동시에 자기 성찰과 사유로 인생을 깊이 바라보게도 한다.

김순신은 추자로 발령을 받고나서 배타는 일이 일상처럼 되어 버렸다. 〈추자와 제주를 오가며〉에서 김순신은 '배를 타고 오가는 시간이 내 안의 나를 찾는 시간이고, 바다는 나와 대화하는 친구가 되는 시간' 이라고 소회를 말한다. 그녀는 일인다역의 삶에서 진정 자기를 돌아볼 겨를이 없었을 것이지만, 거칠고 망망한 바다에 앞에서 섰을 때 비로소 고독한 자아를 정면으로 바라보게 되고, '자신을 둘러싼 삶의 껍데기들' 을 들여다보게 되었다는 것이다. 그리고 그 사유의 시간은 부모와의 관계, 남편과 자식들과의 관계, 학생과 교사의 관계를 조영하여 재정립하는 시간이었다는 것이다. 바다로 하여 그녀의 삶의 리듬과 패턴은 달라질 수밖에 없는 것이지만, 오히려 그녀는 스스로의 정체성을 조율하는 계기로 삼고 있다.

배를 타고 한참을 가다 보면 자신을 에워싸고 있는 삶의 껍데기들을 들여다보게 된다. 체면을 위해 형식을 고집했던 일, 특별함을 내세우기 위한 아집도 그것이요, 자신의 자존심을 빙자한 오만함도 그것이다. 교사의 권위를 내세워 아이들을 하나의 틀 안에 몰아넣었던 일도 버려야할 껍데기들이다. 우리 반 아이들은 무조건 내 말을 잘 들어야 한다는 생각들도 버려야 할 것임에 틀림이 없다. … (중략) … 내 자신이 보잘 것 없음을 깨닫는 데에는 시간이 얼마 걸리지 않았다. 그리고 그런 나를 인정해 주고, 위해 주고, 사랑해 주는 주변 사람들에게 나는 아무 것도 해 주는 깃이 없음을 아는 순간 그들에 대한 고마움과 감사함이 가슴에 물든다.

〈4월의 가을〉에서는 눈송이처럼 날리는 황홀하던 벚꽃의 허무와 '예상대로 폐경이 맞습니다.' 라는 의사의 진단을 매치시키면서 '이렇게 아름답고 생기 돋아나는 계절에 나는 가을나무를 생각한다. 나의 마음은 가을나무처럼 목이 마르고 푸석푸석하다.' 라고 아름다운 4월과 한 여인의 폐경의 충격을 절묘한 대비적 구성으로 극적인 표현을 이루고 있다.

〈어느 하루〉는 글라라수녀원에서 봉사할 때 알로에의 꽃을 따버려야 잎이 실하게 자라는 이치를 보면서 꽃의 거룩한 순교를 우리의 삶과 연계하여 이기적인 삶을 돌아보게 한다.

〈사는 맛과 씹는 맛〉에서, 양념게장을 맛나게 먹는 그녀에게 '선생님은 아직도 사는 맛이 있겠어!' 치아가 부실한, 그래서 음식의 참맛을 모른다는 선배의 말이었다. 설핏 지나는 말이지만 김순신은 그 말을 마치 양념게장인 것처럼 아작아작 씹었다. 아무리 사소한 것일지라도 그녀에게는 전혀 사소한 것이 아니었다. 그 만큼 그녀가 사물을 바라보는 감성은 예리하고 섬세하다. 그것은 곧 직관으로 관조하여 인식에 도달하는 능력이며, 그녀의 오랜 글쓰기와 사유의 산물일 것이다.

세상 살아가는 맛을 제대로 느끼면서 행복하게 사는 것이 우리네 삶의 목표이다. 행복의 기준이나 잣대는 서로 다르기에 각자의 잣대로 행복을 느끼면서 살면 그 또한 복된 삶이다. 같은 음식도 맛나게 먹는 사람과 그렇지 못한 사람이 있듯이 같은 상황도 어떻게 받아들이느냐에 따라서 행 · 불행이 달라진다. '피할 수 없다면 즐기라' 는 말이 있다. 이왕 차려진 음식 맛있게 먹는 게 낫듯이 우리에게 주어지는 삶도 쓴맛이나 단맛을 즐기면서 받아먹는 게 낫다.

음식 맛도 입맛이 살아 있을 때라야 제대로 느낄 수 있다. 사는 맛을 제대로 음미하려면 세상을 제대로 바라볼 수 있는 거울과 같은 맑은 영혼을 지녀야 하고, 삶을 진지하게 받아들일 수 있는 스펀지와 같은 감수성이 필요하다. 아무리 아름다운 것도 탁한 거울로 보면 그 아름다움을 못 느끼고, 인생의 어떤 맛도 딱딱하게 굳어지고 무디어진 감성으로는 제 맛을 느낄 수 없기 때문이다. 풍부한 감성이 삶을 더 윤택하게 하는 이유가 여기에 있다.

김순신은 '인간관계에서도 사는 맛은 먹는 맛만큼 중요' 하기에 비록 사소한 것이라도 잘 씹고 넘겨야 하며, 만남과 헤어짐, 사랑과 미움, 행. 불행도 잘 씹고 넘기면 사는 맛이 깊어진다고, 잘 삭힌 삶의 지혜를 피력하고 있다. 우리는 너무 쉽게 일희일비하면서 휘둘려 살고는 있지 않은지 우리의 삶을 돌아보게 되는데, 김순신의 처방은 "here and now" '지금 여기' 에 all in 하라고 한다.

〈날지 못하는 새〉는 화가인 남편의 친구가 선물한 판화에 대한 얘기이다.

작품 속에는 커다란 새 두 마리가 있다. 두루미 같기도 하고 황새 같기도 하다. 서로 마주 앉아있는 두 마리 새는 머리 부분이 하얀 붕대로 감겨져 있다. 뾰족한 부리 끝 부분만 남긴 채 눈. 코. 귀. 부분이 모두 친친 감겨져 있다. 아주 가까이 마주 앉아 있지만 서로를 보지 못한다. 작품 아래에는 "The Blind Birds."라고 씌어 있다.

누가 저 새의 자유를 붕대로 감아버렸는가? 현대사회의 구조적 부조리, 거대한 기계적 체계 속의 너무 왜소한 인간의 한계, 그리고 때로 우리는 사랑이라는 이름으로 가장 가까운 사람들을 속박하고 있지는 않은지? 김순신은 '개인의 삶이 자유로운 사유에 바탕을 둔 자유의지, 자유행동의 총체라면, 우리는 얼마나 타인의 자유의지, 자유행동을 인정하려고 노력하는가?' 라고 500여자의 짧은 글 속에서 서늘하게 와 닿는 날카로운 화두하나를 우리에게 던지고 있다.

〈향기로 다가오는 추억〉은 초등학교 졸업식과 수선화에 얽힌 즐거운 추억과 중학교 때 들었던 나르시스의 수선화에 젖어 '수선화 꽃의 향기를 맡노라면 누군가를 사랑하고 싶어진다' 는, 여전히 50대의 소녀의 감성으로 살고 있는 김순신을 만난다.

〈삶의 우선순위〉에서는, 영화 〈버킷 리스트〉의 죽음을 앞에 둔 남녀의 삶의 리스트처럼 어차피 시한부인 인생의 우선순위를 정하여 후회 없는 삶을 말하면서, 김순신은 '오랫동안 익숙해진 삶의 방식에서 과감히 떠나보는 것이 어떤가?' 라고 진지하게 묻고 있다. 〈게으름〉에서 '게으름은 가면을 쓴다' 며 '다음에는 더 좋은 선생님, 더 좋은 아내, 더 좋은 어머니, 더 좋은 딸이 되겠다는 환상에서 나를 건져내야 한다며, '다음에' 라는 날짜는 달력에 없다.' 라는 그녀의 삶의 묵상과 성찰로 건져낸 깨달음으로 메마른 우리의 가슴을 적시고 있다.

(2) 인생, 그 끝없는 변주

"인종, 그것은 괴로운 인생의 안내자이다." 일찍이 베토벤이 말했듯이 인생이란 고독한 마라토너처럼 미래의 보이지 않음을 인내하면서 더듬어가는 것인지도 모른다.

〈그녀의 이야기〉에서, 김순신은 선배의 눈물 앞에 자신의 투정이 얼마나 복에 겨운 것인가를 깨닫게 된다. 지금은 교직을 떠난 선배 선생님, 그녀의 멘토였던 선배가 혼자서 삶을 극복하여가는 모습을 잔잔한 톤으로 펼치고 있다.

> 자신의 삶을 진솔하게 내보여서 주변 사람들을 편안하게 하는 분이셨다. 동료의 고통이나 기쁜 일을 보면 최선의 방법으로 함께 나누려고 애쓰셨고, 스스로에게도 부당함을 용서하지 않으시던 외유내강의 분이다. 특히 나에게는 인생의 선배로서 상담자 역할을 해 주신 분이다.
>
> … (중략) …
>
> 삼십대 후반에 그녀가 남편을 잃었을 때 세상은 온통 깜깜하였다고 한다. 한 발짝 건너편에 있는 죽음이라는 세계가 너무 아름답고 편안한 곳으로 비쳐서, 그 죽음의 세계로 뛰어들고 싶었단다. 그렇지만 아들딸이 눈에 선해서 죽음을 선택하지 못했다는 그녀의 말을 듣고 나는 복에 겨운 투정을 하는 것 같아 부끄러워졌다.
>
> … (중략) …
>
> 그녀의 몸 안에 7센티의 혹이 살고 있다는 진단에 '그 동안 네가 내 몸 안에서 더 자라지 않으려고 안간힘을 써주어서 고맙다. 나를 어떻게든 괴롭히지 않으려고 무진 애를 썼구나! 정말 고맙다, 고마워.' 라고하면서 '이제는 죽어도 여한이 없다' 는 생각을 하였단다.
>
> 그녀가 왜소해보였다. 남편을 잃고 자식들의 뒷바라지 하며 살아온 삶이 그녀를 당당하고, 씩씩하게 내보이게 했지만, 보이지 않는 한 편에는 절절한 외로움과 늘 싸워왔음을 이제야 알았다.

존재란 지구에 내던져졌을 때부터 고독이라는 병과 고통의 멍에를 지고 나왔다. 그러나 우리는 죽음을 맞닥뜨린 자의 절대 고독을 외면한 채 가끔씩 나만 불행하다는 생각으로 괴로워한다. 김순신은 다른 사람의 아픔에 눈을 감아버리는 간사한 인간의 맹목적인 이기심 앞에 어쩔 수 없이 고독할 수밖에 없는 인간을 바라보고 있다.

〈고마움의 유효 기간〉에서 '고마움은 쉬이 잊어버리고 서운한 것은 오래 기억하는 법', '고마움은 돌에 새기고 서운함은 모래에 새기라!'는 경언으로 감사하는 삶을 말하고, 〈남편의 부활을 꿈꾸며〉에서 남편의 번번이 실패하는 금연을 간절히 간구하면서 부활절의 의미를 되새기고 있다. '부활은 죽음을 전제로 한다. 부활하려면 죽어야 한다.' 하기에 그녀의 부활은 남편과 가족, 그리고 사회에 대하여 죽음(헌신과 봉사)으로 관계를 회복하는 것을 뜻한다. 이러한 사유는 그녀의 독실한 신앙의 발현으로 깊은 인상을 주고 있다

김순신은 〈눈물 많은 여자〉이다. 당찬 외모와는 다르게 그녀는 번번이 '이 번은 울지 않고 조근조근 조리 있게 말하리라!' 다짐하여 보지만 정작 닥치면 울음부터 먼저 나오고 만다. 그녀의 여린 심상은 수필집 도처에 눈물을 보이지만 카타르시스 효과로 그녀를 더욱 성숙하고 깊게 하는 요소로 작용하고 있다.

김순신은 소록도에 여행을 갔다가 우연찮게 한센병을 앓는 제주도의 노인을 만나게 된다. 소록도는 볼거리가 없는 섬이지만 가톨릭자원봉사단에 번번이 참여하지 못하는 미안함과 소외된 자의 슬픔을 몸으로 체득하고 싶은 신앙심이 이 섬을 찾게 하였을 터다.

> 소록도 중앙공원 앞을 지날 때 길 옆 도랑에 웅크리고 앉아 손으로 풀을 뽑고 있는 노인을 발견했다. 보이는 모습은 노인의 등과 뒷모습뿐이었다.
>
> "어디서 왔는가?"
>
> "예, 제주도에서 왔습니다." 제주도라는 말에 노인은 고개를 들고
>
> "제주도 어디?"
>
> … (중략) …

제주도라는 말에 고개를 번쩍 들 정도로 고향을 가슴에 품고 있는 노인에게 나의 궁금증은 입안에서 맴돌 뿐 아무 말도 못했다. 언제 제주를 떠나왔는지, 부모님 소식은 들었는지, 고향에는 형제자매가 있는지 등등을 묻고 싶었으나 그것은 순전히 나의 호기심을 채우는 일 밖에 안 된다는 것을 알고 입을 다물었다.

… (중략) …

소록도가 아닌 고향 집 앞의 잡초를 뽑는 손이라면 얼마나 행복할까.

소록도의 성당이 보인다. 일행과 떨어져 얼른 들어가 무릎을 꿇었다.

사람은 어떤 이유로 떠났어도 고향의 그리움은 인지상정이다. 더구나 한센병이라는 천형으로 영어된 삶에서 노인의 고독과 고향의 그리움은 간이 녹는 일 아닌가, 김순신은 성당으로 달려가 한없이 무릎을 꿇었다.

〈지키지 못할 약속〉, 〈한 사람의 죽음 앞에서〉는 피아노의 침묵과 사랑하는 자의 죽음을 병치시키면서 동시에 손을 놓은 연주자와 보이지 않는 절대자를 연계하여 종교적 차원의 생의 한계성을 묵시하고 있으며, 그리고 망자와의 지키지 못한 작은 약속으로 그녀는 한없이 겸손하여지고 있다. '하시만 그런 삶의 무게는 살아있는 자만 느낄 수 있다.' 며 '살아있는 자의 특권' 은 지금 그 자리에서 최선을 다하는 것이리라고 말한다.

가족과 고향은 떠올리는 순간 언제든 콧등이 시큰하여오는 문학의 영원한 소재이다. 김순신의 고향은 제주시 연동이다. 지금은 번화한 도시가 되어 옛 모습을 찾아볼 수 없지만 어릴 적 그 산야와 나무 한 그루 풀 한 포기는 영원한 각인으로 잊을 수 없는 그리움이 된다. 자라면서 이 모든 것과 떠나 살게 되지만 그 애틋함이야 늘 가슴에 향수로 젖어있다. 우리의 그리움은 어머니 탯속, 그 무균의 발원지에서 비롯되는 것일까. 김순신 역시 가족과 고향, 그리고 그리움에 천착하는 것은 눈물 많은 그녀의 근원적 인성의 발현일 터이다. 그녀의 가족 사랑을 들여다보자.

〈克己復禮〉에서, 김순신은 교감 승진이 되어서 친정에 들려 아버지에게 차를 바꿀 뜻을 내비친다. 그러나 아버지는 찬조금은 커녕 대뜸 "극기복례' 를 아느냐?" 고 물으셨다. 속으로야 교감이 된 딸을 깨물어주고 싶었겠지만 '직위 때문에 헛바람' 들까봐 일침을 가하시는 거다.

> 그런 아버지를 나는 존경 한다. 남편과 결혼하기 전에 가난하다는 이유를 들어 결혼을 꺼려하자, 아버지께서는 돈은 있다가 없어지고, 없다가도 생기는 것이라며 뿌리가 있는 자손이고 몸과 마음이 건강하니 아무 문제가 없다고 하셨다. 그 말씀을 늘 가슴에 새기고 있지만, 가끔은 돈돈 할 때도 있으니 아직도 극기복례에 이르기는 멀었다. —〈극기복례〉에서

> 자식들에게 엄격하셨던 아버지가 전보다 많이 너그러워진 것 같아 한 편으로는 아버지가 점점 좋아지긴 하지만 아버지의 기세가 약해지는 것이 늙음에 비례한다는 생각을 하면 가슴이 아프다. —〈칠순을 맞는 부모님〉에서

> 일곱 남매를 키워내고 교육시키느라 자신을 돌아볼 겨를도 없이 살아오신 어머니는 언제부터인지 공책에 불경을 옮겨 적으셨다. 부처님의 가르치심대로 살아오신 어머니께서는 불경을 진작 쓰시고 싶었는지도 모른다. 처음에는 한 글자를 쓰기 위해 원본 글자를 두세 번을 봐야할 정도로 서툴렀지만 꾸준히 공책을 매꾸다 보니 어느 새 웬만한 글은 안보고도 쓸 수 있게 되었다. 그런 어머니께서 초등학교 과정의 야간학교에 입학을 했다.

… (중략) …

"어머니, 그런 건 몰라도 됩니다. 최소공배수, 최대공약수는 하나도 쓸데기 없는 거니까. 구구법만 잘 외웁서."말이 튀어나와버렸다. 무엇을 얼마나 알고 있느냐보다는 알아가는 기쁨을 맛보는 것이 더 중요한데 명색이 초등학교 교사인 딸이 그런 말로 배움의 즐거움을 자르려 하다니, 순간 미안했다.

–〈초등학생 할머니〉에서

그랬다. 그 아버지에 그 딸이다. 유학이 몸에 배어 대쪽 같은 아버지 밑에서 반듯한 김순신이 나왔다는 거 아닌가. 그녀의 근면과 성실도 그 어머니의 대물림 아니던가. 그 딸이 이제 부모의 자리에 서고 보니 나이 드신 부모님이 안쓰럽기만 하다. 왜 아니 그러겠는가. 어릴 때는 투정만 부렸지만 어엿이 자라 부모가 되고서야 비로소 부모님의 크신 사랑이 보이는 것이리라. 그 절절한 마음은 자식에 대한 내리사랑으로 강물처럼 흐르고 있다. 〈부모의 마음〉에서, 속으로 늘 걱정하여오던 아들딸의 키가 대물림하지 하지 않고 잘 자라주어서 너무 고맙고, 더하여 내면의 키도 쑥쑥 자라기를 기도하는 간절한 어머니의 마음을 본다. 〈조개죽〉에서, 이제는 어디를 내어놓아도 제 앞가림을 할 만큼 잘 자라주어서 고마운 딸이지만, 해외로 떠나보내는 부모의 마음은 초조하고 불안하기만 하다. 그래서 하느님을 대신하여 어머니를 세상에 내려 보냈다지 않은가? 그런 어머니의 마음을 조개죽의 맛에 오버랩하여 맛깔스럽게 표현하였다. 〈감귤서리〉 역시 어렸을 적 산물 서리하던 추억과 길가에 나뒹구는 귤 몇 개를 가방에 챙기면서 딸의 눈치를 살피는 어머니의 노파심을 표현하고 있다. 〈도시락 반찬〉은 또 어떤가? 딸이 출근하면서 도시락반찬으로 된장과 마늘장아찌를 싸갔다는 말을 듣고 핀잔(미안함과 체면의식)을 하자

"뭐 어때? 내가 먹는 건데…"라는 거다. '그 짧고 간결한 대답이 신선한 충격' 이라는 그녀는 수필의 말미에 '지금도 된장 도시락 반찬에 대한 딸의 명쾌한 대답을 생각하면 시원하고 달콤한 박하사탕을 먹는 것 같아 기분이 좋아진다.' 라고 표현하고 있다. 겉멋에 빠지지 않고 알이 꽉 찬 딸의 성숙한 모습에 안도하는 엄마의 마음을 표현하고 있는 게다. 원색이 아닌 2차, 3차색으로 은은하게 울려나오는, 멀리 돌아서 더 맛깔스런 문장, 이런 문장 하나를 얻기 위하여 밤을 새며 머리를 쥐어짜는 게 문학하는 사람들이 아니겠는가?

〈10년 후의 어느 날〉과 〈주니찌〉를 더 보기로 하자.

좋은 글은 읽는 이의 마음을 움직인다. 파도처럼 철렁거리게 할 수도 있고, 잔잔한 파장으로 흐르게 할 수도 있고, 쿵쿵 가슴 뛰게 할 수도 있다. 좋은 글을 쓸 수 있다는 것은 그 만큼 솔직하다는 뜻일 게다. 인간이 가지고 있는 가장 보편적이고 공통적인 속성들을 얼마나 진솔하게 나타내느냐에 달렸다고 생각하여 본다. 피상의 삶을 노래하기보다는 가슴 속을 흐르는 삶의 조각들을 건져 올리는 것이다.

그러나 나는 10년 전의 나의 모습보다는 10년 후의 나의 모습을 생각하는 것이 더 좋다. 지나간 시간에 대한 연민보다는 다가오는 시간에 대한 희망이 더 좋기 때문이다.

–〈10년 후의 어느 날〉에서

풍습이 다르고 생활습관이 다른 일본이라는 나라에서 살붙여 살아가는 일이 얼마나 힘든 일인지를 말해 주고 싶었다. 몸이 아파 서글퍼질 때 부모형제의 따뜻한 말 한 마디와 병문안이 삶의 심지를 돋우는데 얼마나 큰 힘이 되는지 말해 주고 싶었고, 가끔씩 만이라도 가족끼리 만나 웃고 떠들며 술잔을 나누는 것이 우리의 가슴을 얼마나 따뜻하게 해 주고 행복의 체온을 높여주는 것인지를 느끼게 해 주고 싶었다. 육신이 늙어 죽음을 맞이했을 때 한 줌 흙으로라도 내 땅에 묻히고 싶은 것이 사람의 인지상정이라는 것을 알게 해 주고 싶었다. 그러나 막내 동생은 일본에 시집가도 행복하게 잘 살겠다며 주니찌와의 결혼을 허락해 달라고 언니들을 설득했다.

… (중략) …

그 후 우리 동생과 주니찌 상은 한국에서 결혼식을 올려서 부부가 되었다. 일본에 신혼살림을 차려서 행복하게 사는 동생과 오늘은 통화를 했다.

"깨가 쏟아점지 – 이?"

"언니, 나 – 요즘 맨날 주니찌랑 싸우맨 – "

하는 전화 목소리에는 진한 그리움이 배어나온다. – 〈주니찌〉에서

10년이란 시간은 멀다. 지나고 나면 하루 같지만 강산이 변하는 시간이 아닌가? 김순신의 10년은 대륙적이고 남성적이다. 하여 김순신은 10년을 녹여서 책을 만들었고, 앞으로 다가오는 시간에 희망을 건다는 것은 그녀만의 긍정적이며 미래지향적인 사유에서 비롯되었을 터이다.

〈주니찌〉에서 '사랑하는 남자와 결혼하는 것이 당연한 것' 을 김순신은 누구보다 잘 알고 있지만 고래심줄보다 질긴 것이 가족인 것을 어찌 할 것인가? 그 편애로 하여 우리는 때로 상처를 입기도 한다. 그러나 이 끈끈한 정서는 우리 자연의 오밀조밀한 정과 잦은 외우내환으로 인한 잠재된 불안, 그리고 척박한 삶이 일구어낸 우리의 독특한 한의 정서가 아닐까.

(3) 바람과 오름과 사람들

제주 사람은 바람의 사람들이다. 다듬어지지 않았지만 내면이 따뜻하고, 투박하지만 인정이 많다. 거센 바람을 품은 탓일까, 오름들

은 여인처럼 선이 부드럽고 오래 입은 속곳처럼 스스럼이 없다.

김순신은 오름을 오르면서, 여행을 하면서 교단을 통해서 제주의 아름다운 자연과 그 안에 사는 사람들과 관계를 36도의 체온으로 그려내고 있다.

〈수목원에서 만난 시인〉은 정일근 시인의 강연에서 벚나무와의 인연, 즉 첫 사랑의 이야기와 시인의 탄생을 들으면서 문득 김순신의 나무와 인연한, 옛 고향의 정자나무(팽나무)와 앵두나무에 얽힌 추억을 떠올린다. 그리고 나무들에 대한 그간의 무관심에서 번쩍 눈을 뜨게 되고, 학교에서 아이들과 나무와의 특별한 관계(별칭 붙이기)로 맺어줌으로써 자연을 사랑하는 계기교육을 하고 있다. 어차피 그녀는 타고난 교육자인가보다. 그녀가 바라보는 것, 만나는 것 어느 하나 그녀의 용광로에서 녹지 않는 게 없다. 〈검은 오름의 상처〉는 제주사람의 역사적 아픈 상처를 오늘의 눈으로 재조명하여 내일을 가다듬는 것이며, 〈가장 아름다운 숲〉 저지오름은 조상 전래로 가꾸고 다듬어서 이룬 인간과 자연이 하나 됨의 아름다운 얘기이다. 〈산방산을 오르다〉에서 김순신은 단순한 자연의 관찰과 정상에 서는 기쁨보다 가파르고 험준함을 극복하는 과정을 실존적으로 내면화하고 있다. 그녀의 얘기를 들어보자

> 꼭대기를 향해갈수록 흐르는 땀의 농도는 짙어졌고 정상에 대한 기대감도 점점 커졌다. 사람들은 이래서 산을 오르는지 모르겠다. 올라갈 때의 땀에 대한 보상을 정상에서 다 받고 오기 때문이 아닐까? 설령 끝까지 올라갔을 때 기대하는 것만큼의 보상이 주어지지 않더라도 쉼 없이 오르는 그 자체를 즐길 수도 있기 때문이다. 오르는 그 자체가 그 어떤 곳을 향하여 한 걸음 한걸음 오르고 있다는 사실에 만족감을 느끼면서 말이다. 사실 나도 그렇다. 오름을 오를 때나

산을 오를 때 나의 건강을 위한 운동코스이기도 하지만, 그때마다 나는 지금 열심히 어딘가에 오르고 있다는 것 그 자체에 위안을 받는다. 인생에 있어서도 그렇다. 내가 지금보다 더 높은 곳을 향하여 쉼 없이 노력하고 있다는 그 자체에 위안을 받는다. 그 높은 곳에서의 보상이 실망스러울지라도 그렇게 어딘가를 향해 가고 있다는 그 자체가 곧 인생이다.

〈바람의 아들 김영갑〉은 "Misty ecstasy to open the eyes of our spirit.(우리 영혼의 눈을 뜨게 하는 안개의 환희)"라는 글귀가 나의 감각을 깨운다. 로 시작된다.

그의 말대로 심안으로 작품을 느끼고 싶었다. 잠시 동안 작품을 지그시 응시한다. 들꽃들의 향연이며 억새들에게 휘어드는 바람소리가 들려오는 듯했다. 지난번에 보았을 때의 오름 사진이 지금은 오름이 아닌 요염한 아낙의 젖가슴으로 보인다. 오름의 능선이 옆으로 드러누운 여인의 허리선과 엉덩이를 연상케 한다. 그가 오름에 생명과 혼을 불어넣어주었기 때문이다. 내 감각을 뿌옇게 덮어버렸던 안개가 서서히 걷히더니 아름다움에 빠져드는 듯한 황홀감을 맛보았다. 그의 작품 앞에서는 내 안의 작은 섬모들이 모두 일어나 춤을 추었다.

… (중략) …

사진작가는 그 대상이 가장 아름다울 때를 놓치지 않기 위하여 24시간을 깨어 있어야 한다고 말했다. 그 시간은 물리적인 24시간이 아닌 인간을 지배하는 모든 감각들이 살아 움직이는 시간을 일컫는 말인지도 모른다.

'김영갑이라는 한 사람이 루게릭 병(근위축증)에 걸린 자신을 자연에 맡겨 치료를 거부한 이유는 바로 자신을 자연의 일부로 인식했음이 아니었을까?'로 맺는 이 한 편의 수필은 우리에게 그 여운이 길다. 짧지만 열정적으로 살다간 한 예술인의 생애를 우리는 단지 불행하다고만 할 수 있는가? 보석은 작지만 영원히 변하지 않는 빛을 발한다. 영혼이 깨어 있는 삶, 그리고 자연과 하나 되는 삶을 바라보는 작가의 눈이 총총히 빛난다. 인생과 자연에 대한 사랑과 연민은 김순신이 태생적으로 제주사람이며 그녀의 신앙적 수신으로 영혼이 깨어 있다는 것인데 〈동행의 시간〉 〈민박집 이야기〉 〈인생의 고비〉에서도 잘 나타나고 있다. 영혼이 깨어 있는 삶, 그리고 자연과 하나 되는 삶을 바라보는 작가의 눈이 총총히 빛난다.

교감인 그녀는 교단 30년을 아이들과 생활하였지만 이를 소재로 하여 쓴 글은 그리 많지 않다. 이는 그녀가 바라보는 작품의 시야가 넓고 삶의 체험이 다양함, 즉 교단 외에도 적극적으로 살고 있다는 말일 것이다. 그러나 몇 편 안 되는 교단수필이지만 대상을 바라보는 시각이 예사롭지 않다. 교단의 열정과 아이들에 대한 사랑은 물론 김순신이 만나는 모든 대상은 그녀의 세심한 배려와 사유를 여과하면서 생명을 얻어 부활하고 있다.

〈특별한 생일날〉은 가족과 함께 하리라고 벼르던 생일인데 폭풍으로 좌절되고 예기치 않은 섬 아이들의 생일축하로 감동을 받는다. 김순신은 '교실붕괴' 니, '학교교육부재' 니 하는 사회적 통념을 뿌리친다. "하늘반, 바다반 아이들아, 사랑한다! ' 라고 외치는 김순신의 교육적 신념이 곧 우리의 미래이리라.

〈제비집〉을 들여다보자. 예전과 달리 현대인의 시공이 좁은 생활에서 제비가 갈겨대는 똥은 귀찮고 불결한 물질이다. 그러나 김순신은 죽자고 먹이를 날라다주는 제비 부부에게서 '일곱 남매를 잘 키운 부모님' 의 모습을 보고, 제비가족이 재잘거리는 소리를 '사랑의 소리, 생명의 소리' 로 들을 수 있는 귀가 있어서 한갓 제비도 가족으로 받아들일 수가 있다.

더위 꼬리가 점점 가늘어지던 어느 날 제비들은 댕그라니 집만 남기고 떠났다. 재잘거리는 소리는 들을 수가 없게 되었고, 더 이상 제비 똥이 우리 계단을 더럽히지도 않았지만, 가족들이 어디로 떠나버린 것처럼 어딘가 허전하고 서운했다. '있을 때 잘해' 라는 말이 생각났다. '달면 삼키고 쓰면 뱉는다.' 는 속담이 떠오르면서 나도 별수 없구나하는 생각을 하였다. 제비가 떠나고 나서야 나의 이기적인 속성을 들여다 볼 수 있었다.

… (중략) …

다시 돌아온 제비들은 아마도 작년의 새끼제비인지도 모른다. 그들은 올해 또 다시 새로운 가족을 만들었고, 살아있는 자연의 소리를 들려주었다. 그 소리는 바로 희망의 소리이고 생명의 소리이다. 덤으로 제비 똥 치우는 일도 선물로 주었다. 한 때 제비집을 허물 생각을 했었다는 것이 부끄러워 제비 똥을 더 열심히 치우고 있다. 그리고 제비들이 우리 집 계단을 온통 제비 똥으로 칠할지라도 나는 제비집을 온전히 보살필 것이다. 그리하여 제비가 전해 주는 자연의 소리와 희망의 메시지를 다시 들을 것이다. 그게 가능하다면 내년에도 내 후년에도…

김순신의 글은 전반적으로 물이 흐르듯 유려하지만 '더위꼬리가 점점 가늘어지던 어느 날' 이라 할 때 눈이 오래 머문다. '꼬리가 가늘어진다' 는 문장은 신선하고 생기가 있다. 〈추자단상〉, 〈컴퓨터와 아이들〉에서, 섬 중의 섬 추자의 열악한 교육환경과 교육적 관심의 제고, 정들었던 아이들과의 이별을 아쉬워한다. 〈파랑새〉에서, 아이들이 국기게양대 밑에서 떨고 있는 새를 잡아왔다. 파란 색깔의 예쁜 새였다. 여기서 우리는 독단적 교육자가 아닌, 아이들 스스로 길을 찾아가게 하는 친절한 안내자 김순신의 교육철학의 일단을 볼 수 있다.

새를 살짝 손바닥으로 감싸 안았다. 파르르 떨리는 몸의 진동이 손바닥을 통해 나의 온몸으로 퍼졌다. 따스한 기운이 나의 몸에 퍼진다. 마음이 포근해져 오면서 행복감이 가슴가득 차오른다. 정말 행복한 순간이다.

… (중략) …

하지만 그날의 파랑새는 다시 내 손에 오지 않을 것임을 나는 안다. 그래서 나는 또 다른 파랑새를 키우기로 했다. 그것은 바로 교실의 학생들인 것이다. 파랑새와 같이 순수하고 아름다운 우리의 학생들이 나에게는 파랑새와 다름없기 때문이다. 교실 안에 있는 파랑새들을 나는 사랑으로 보살필 것이다. 행여 다칠세라 파랑새를 살짝 감싸 안듯이 학생들의 꿈이 다치지 않게 조심조심 그들을 감싸 안을 것이다. 그들은 사랑스럽고, 귀하고 소중한 우리의 파랑새들이기 때문이다. 그들의 맑은 눈빛과 여린 가슴을 통해서 나의 가슴이 떨리고 따스해 지는 행복을 느끼고 싶다. 한 마리의 파랑새를 안은 것처럼 말이다.

치르치르 미치르의 파랑새는 지금도 김순신의 가슴에서 지절대며 떠들고 있다.

닫으며

김순신의 글쓰기는 '외로움을 다스리기 위한 몸짓' 이라고 하였다. 존재란 65억 중에 오직 '나는 하나' 라는 인식이며, 글쓰기란 그 나를 극복하여가는 것, 스스로 조탁하여 영혼이 깨어 있는 나에 이르는 것이란 뜻이 아닐까.

김순신은 또 '글을 쓰면 쓸수록 글쓰기에 대한 욕구가 운명처럼 숨어 있었음을 느낀다.' 라고도 하였다. 즉 그녀의 '글쓰기' 란 운명이었다는 말이다. 인생은 어차피 선택이다. 그 결과가 여하하든 결국 자기의 삶을 선택하는 것인데, 그것을 운명이라 말하고 있는가.

김순신이 등단 10년 만에 내는 수필집《바람 사람 사랑》은 책방 주인이 되고 싶었던 시골소녀가 어느 날 문득 붉게 타는 노을 앞에 김순신으로 서서 사랑과 아픔과 그리움이 흐르는 삶의 이야기들을 잔잔한 파스텔 톤으로 그려내고 있다.

그녀는 아파도 소리 내어 울지 않는다. 가만히 가슴에 묻어둔다. 그래서 충분히 삭혀서 꺼내놓을 때 그만의 향기로 소리 없이 다가온다. 등단 10년 만의 첫 수필집이라니, 그녀만의 중후함으로 충분히 삭혔다는 얘기가 아닐까. 그래서 가을 햇살처럼 따뜻하고 청량한 향기가 나는 것은 아닐까. 굳이 잔소리를 한다면 좀 더 압축되었으면 어떨지…….

나는 그의 수필을 한 마디로 '사랑, 촉촉한 그 눈' 이라 하였는데 덧붙인다면 '풀잎과 바람과 벌레들의 속삭임' 처럼 그 작은 것들에의 김순신의 눈은 촉촉한 사랑이다.

서투른 대로 김순신의 수필을 읽고 나름의 느낌의 일단을 피력하여보았다. 그녀의 10년의 내공이 봄을 기다리는 겨울 땅속의 꿈틀거림이었다고 한다면, 이제부터는 갈맷빛 무성한 잎사귀와 찬란히 꽃피울 일만 남아있지 않을까. 김순신을 사랑하는 사람으로서 바라기는 그만의 독특한 향기와 빛깔로 독자들의 가슴에 강물처럼 흐르기를 기원한다.

김순신 수필집
바람 사람 사랑

지은이 / 김순신
펴낸이 / 김정희
펴낸곳 / 지구문학

110-122, 서울시 종로구 종로2가 39 뉴파고다빌딩 215호
전화 / (02)764-9679
팩스 / (02)764-7082

등록 / 제1-A2301호(1998. 3. 19)

초판발행일 / 2010년 12월 30일

값 12,000원

E-mail/jigumunhak@hanmail.net

※잘못된 책은 바꿔드립니다.

※이 책의 제작비 일부는 제주특별자치도 문예진흥기금에서 지원 받았습니다.

ISBN 978-89-89240-41-9 03810